RAINER N

Wellen-sittiche

hat in wenigen Jahrzehnten die Herzen zahlloser Vogelhalter und Züchter höher schlagen lassen: der Wellensittich. Kaum ein anderer Ziervogel hat bislang einen vergleichbaren Siegeszug als Heimtier vorzuweisen. Die einzigartige Verbindung zwischen Mensch und Wellensittich beruht vor allem auf der unproblematischen Pflege der kleinen australischen Nomaden.

GUT VERSORGT

NATÜRLICH GESUND

SPIEL & SPASS

VERHALTEN VERSTEHEN

Von Wellensittichen und Menschen

Ein kleiner bunter Vogel aus Australien hat nach seiner Entdeckung auf dem fünften Kontinent im letzten Jahrhundert für großes Aufsehen gesorgt. So wie einst die ersten Europäer staunend die riesigen Schwärme sahen, die von Millionen von Wellensittichen gebildet wurden, und die stundenlang den Himmel verdunkeln konnten, so ziehen die quirligen Sittiche auch heute noch die Blicke der Menschen auf sich. Alt und Jung zieht es in zoologischen Gärten, Zoohandlungen oder Vogelparks unwiderstehlich zu der Wellensittichvoliere. Ihr Standort ist durch das fröhliche „Schwätzen" der Männchen schon von weitem auszumachen. Es wird nie langweilig, dem geselligen Treiben der bunten Schar zuzuschauen, und schon nach kurzer Zeit reift bei manch einem Vogelfreund der Entschluß: So ein Tier hätte ich auch gerne! Mit dem Kauf der ersten Vögel wird dann meist der Grundstein für eine lebenslange Leidenschaft gelegt, die einen wahren Vogelfreund nie mehr losläßt. Niemand weiß so recht, warum ausgerechnet der

Die schönste Art, einen Vogel zu haben: Wellensittiche bauen zu ihrem Halter oft eine sehr innige Beziehung auf.

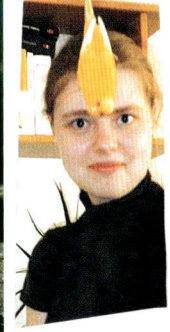

Wellensittiche sind weltweit die beliebtesten Ziervögel.

Wellensittich eine so große Anziehungskraft auf Menschen ausübt. Er unterscheidet sich jedoch in einigen Besonderheiten von anderen Ziervögeln: Sein winziger Schnabel verleiht dem kleinen Federbündel ein niedliches Aussehen. Da Wellensittiche sehr gesellig und hochintelligent sind, sind sie auch für einsame Menschen perfekte Gesellschafter. Psychologen haben unlängst festgestellt, daß Wellensittiche sogar therapeutische Eigenschaften haben. Für ältere Menschen im Seniorenheim können sie ebenso zum Freund werden wie für Jugendliche und Kinder, die sich mit ihren Problemen eher einem Tier als den Eltern anvertrauen wollen. Die Zuneigung der kleinen Wellis ist stets ehrlich und offenherzig. Es ist daher kein Wunder, daß Halter von Wellensittichen weniger an Streß leiden als ihre „vogelfreien" Nachbarn. Dadurch sinkt das Risiko von Gefäßerkrankungen; und die Lebenserwartung der Besitzer liegt deutlich über dem Durchschnitt. Man darf schon darüber staunen, wie es „wenige Gramm Vogel" schaffen, die Lebenssituation seines Besitzers so grundlegend zu verändern.

Australien – wo Wellis zu Millionen fliegen

Sein grüngelbes Gefieder dient als hervorragende Tarnung.

In der phantastischen Vogelwelt des australischen Inselkontinents nehmen die farbenprächtigen Sittiche einen besonderen Platz ein. Sie sind mit Abstand die häufigste Papageienart und kaum zu verwechseln. Mit einer Gesamtlänge von nur 18 cm und einem Gewicht von 40 g sind sie wahre Winzlinge im Vergleich mit der großen Papageienverwandtschaft der unendlichen Weiten des Landes. Der wissenschaftliche Name des Wellensittichs *Melopsittacus undulatus* bedeutet so viel wie „der singende Papagei mit dem Wellenmuster". Die auffällige Musterung des Kopf- und Rückengefie-

ders und der Flügeldecken gaben ihm seinen deutschen Namen. Wer das erste Mal freilebende Wellensittiche zu Gesicht bekommt, wird überrascht sein: Alle Vögel sind gleich gefärbt! Von einigen äußerst seltenen Ausnahmen abgesehen, zeigen die „Budgies", wie sie die Australier nennen, ein hellgrünes Bauch- sowie ein schwarzgelbes Kopf- und Rückengefieder. Das Gesicht zieren ein violetter Wangenfleck und einige schwarze Kehltupfen. Von der unüberschaubaren Farbenvielfalt der Zuchtwellensittiche ist in der Natur keine Spur zu finden. Ein auffällig blauer Vogel, wie er gelegentlich als Laune der Natur auf-

tritt, wird aufgrund der fehlenden Tarnung schnell das Opfer der scharfäugigen Falken. Abseits der Wasserstellen haben die Wellensittiche ansonsten kaum einen Feind zu fürchten. Der Einzelne ist im Schwarm perfekt geschützt, und außer einigen anderen Papageienarten fliegt kein australischer Vogel derart rasant und wendig wie die kleinen Wellis. Kritisch wird es während der Brut, da Schlangen, Warane und Geckos Jagd auf die wehrlosen Jungvögel machen oder sich die Eier schmekken lassen.

Das riesige Verbreitungsgebiet der Wellensittiche umschließt das gesamte Landesinnere Australiens. Die Küstengebiete werden gemieden. Der Lebensraum der Wellensittiche ist auf den ersten Blick alles andere als einladend: trockene Grassavannen und offene Waldlandschaften, in denen oft monatelang kein Tropfen Regen fällt, mit Temperaturen, die tagsüber auf über 40°C ansteigen. Man kann sich schwer vorstellen, daß die Vögel in diesem lebensfeindlichen Glutofen zu Hause sind. Die kleinen Sittiche haben sich jedoch perfekt an diese Gegebenheiten

angepaßt. Als rastlose Nomaden ziehen sie im Jahr Tausende von Kilometern über die weiten unbesiedelten Flächen Australiens auf der Suche nach geeigneten Futterplätzen. Dabei entfernen sie sich nie sehr weit von den wenigen Wasserstellen. Obwohl Wellensittiche tagelang dursten können, ist in dieser regenarmen Region Wasser das wertvollste Gut. Wellensittiche sind auch in freier Natur wenig scheu und nutzen bereitwillig die großflächig von Farmern angelegten Rindertränken und Wasserbecken. Dabei kann es zu dramatischen Szenen kommen. Die kleinen Sittiche verbringen meist nur Sekunden beim Trinken, da sie in diesem Moment durch einen Angriff von Greifvögeln besonders gefährdet sind. In der allgemeinen Hektik stürzen sich Tausende von Vögeln zum Wasserloch hinab, wobei die Nachzügler die ersten Ankömmlinge regelrecht ertränken können. Vor etwa 50 Jahren fischten Farmer nach solchen Katastrophen mehrere Tonnen toter Vögel aus ihren Teichen. Doch auch solche Dramen haben dem Bestand der Wellensittiche nie ernsthaft schaden können. Im Gegensatz zu anderen australischen Urbewohnern haben die Wellensittiche von der Ankunft des Menschen profitiert. Ihr ärgster Feind, sengende Temperaturen und monatelange Dürre, ist dank der künstlichen Bewässerungssysteme berechenbarer geworden. Die Vögel sind neugierig und wegen ihrer geringen

Ein riskanter Moment im Leben des Wellensittichs: Beim Trinken lauern die größten Gefahren.

7

Wellensittiche sind gesellige Schwarmvögel.

war noch möglich sind, aber
stets kurze Momentaufnahmen
bleiben. So plötzlich wie die
pfeilschnellen Vögel auftauchen,
sind sie auch schon wieder ver-
schwunden. Keine leichte Arbeit
für Vogelforscher, die nicht fliegen können und Temperaturen
von über 40°C weniger gewach-
sen sind als ihre Studienobjekte.
Erst moderne Untersuchungs-
methoden und der Einsatz hoch-
wertiger Technik haben den
quirligen „Budgies" einige ihrer
Geheimnisse entlocken können.
Lange Zeit spekulierte man, es
gebe drei örtlich voneinander
getrennte Wellensittichrassen,
da die Vögel im Norden und im
Westen Australiens etwas heller
gefärbt sind als im Süden und
Osten. Mittlerweile geht man jedoch davon aus, daß die Wellensittiche ein großes, in sich ge-
schlossenes Gebiet bewohnen,
das zehnmal größer ist als die
Fläche der Bundesrepublik
Deutschland. Die Landschaften
sind geprägt von offenen Gras-
flächen, Eukalyptus-Savannen
und Akazienwäldern, die sich
mit landwirtschaftlichen Nutz-
flächen abwechseln.
Die nomadisierenden Wellensit-
tichschwärme haben sich in die-

Fluchtdistanz leicht zu beobachten. So wird man auch noch in
ferner Zukunft große Schwärme
über die Ebene ziehen sehen.
Ihre genauen Wanderwege sind
Wissenschaftlern bislang verborgen geblieben. Man weiß jedoch, daß die Vögel in den kalten Monaten in den Norden fliegen und in der trocken-heißen
Jahreszeit in den klimatisch
freundlicheren Süden ziehen.

Obwohl der Wellensittich in unseren Wohnzimmern und Volieren zu den wohl bestuntersuch-
ten Vögeln überhaupt gehört, ist
über seine Lebensweise im Frei-
land wenig bekannt. Wer sich
die unendlichen Weiten des
zentralaustralischen Buschs
vergegenwärtigt, wird feststellen, daß Begegnungen mit lautstarken Wellensittich-Schwärmen wegen ihrer Häufigkeit

ser trockenen Region der Erde als Grassamenfresser spezialisiert. Mit ihren kurzen, kräftigen Beinen laufen sie behende über den Boden und sammeln eifrig Samenkörner auf. Mit ihrem kleinen kompakten Schnabel sind sie perfekt an dieses Leben angepaßt. Sie verschmähen dabei keine der zahlreichen Sämereien. In den Kröpfen der Vögel fand man die Reste von nahezu 40 verschiedenen Samenarten. Am liebsten fressen sie die Samen des Mitchell-Grases und der verschiedenen Wildhirsen. Wellensittiche können jedoch nicht nur größere Samen entspelzen, sondern nehmen auch problemlos die winzigen Eragrostis-Körnchen auseinander. Die Nahrungsaufnahme verläuft, wie fast alles im Leben dieser rastlosen Vögel, in rasantem Tempo. Man kann kaum beobachten, wie schnell und gezielt die kleinen Papageien ihre Kröpfe füllen. In wenigen Minuten haben sie 0,6 bis 2 g entspelzter Samen aufgenommen. Bei guten Futterbedingungen kann ein Wellensittich an einem Morgen sogar bis zu 10% seines Körpergewichtes an Körnern fressen. Neben den verdaulichen Bestandteilen ver-

schlucken die Sittiche auch kleinere Mengen an Sand und Holzkohle. Warum sie dies tun, ist nicht eindeutig geklärt. Die ständige Eile ist notwendig, da nur wenige Stunden des Tages keine sengend heißen Temperaturen herrschen. Daher fallen die Schwärme in der Regel in den frühen Morgenstunden und am späten Nachmittag in ihren Futtergebieten ein. In der Hitze des Tages dösen, spielen und putzen sich die Vögel im Schutz der Bäume. Diese sind dann teilweise so dicht mit Wellensittichen besetzt, daß man kaum

die Äste erkennen kann. Bei jeder Störung hebt das grüngelbe Gewimmel lautstark ab und kreist einige Runden am Himmel, um sich dann erneut auf den Ruheästen niederzulassen. Obwohl Wellensittiche außerordentlich friedfertige Vögel sind, geht es dabei natürlich nicht ohne kleinere Reibereien ab, die immer mit einem typischen Gezeter untermalt werden. Eine echte Rangordnung konnte man selbst bei Riesenschwärmen nie beobachten. Es ist erstaunlich, wie sich Tausende von Wellensittichen so perfekt zu großen

Nur während der Brutzeit bilden sich feste Paare.

Lebensgemeinschaften organisieren können. Das Nomadenleben wird jedoch rasch beendet, wenn das Nahrungsangebot für die Aufzucht der Jungen ausreicht. In der kargen Landschaft ist dies nicht immer der Fall. In Zeiten der Dürre können Monate vergehen, bevor die Vögel zu brüten beginnen. Ein angeborener Brutrhythmus mit einer starr festgelegten Brutsaison wäre für Wellensittiche tödlich. Ihre Überlebensdevise muß deshalb „Allzeit bereit" lauten.

Wenn ergiebige Regenfälle die Wüsten und Savannen zum Er-blühen bringen, beginnt die Brutzeit. Nun ist wiederum Eile geboten. Denn die Sonne wird den Nahrungsüberfluß bald wieder versiegen lassen.

In wenigen Tagen verändern die Vögel ihr Verhalten und ihr Aussehen. Bei den Weibchen verfärbt sich die Wachshaut tief braun, die Eierstöcke wachsen enorm an. In den mageren Monaten befinden sie sich in der Keimruhe, die jedoch jederzeit unterbrochen werden kann. Der Wellensittich gehört zu den wenigen Vögeln, die sogar während der anstrengenden Mauserzeit

Wildfarbenes Männchen

ihre Jungen aufziehen können. Für die kurze Brut- und Aufzuchtzeit werden die Wellis seßhaft und entfernen sich nie mehr als 3 km vom Nest. Die Paare brüten in lockeren Kolonien. Der Schutz der Gemeinschaft hat sich über Jahrtausende bewährt. Die Anwesenheit balzender Nachbarn stimuliert brutlustige Paare und fördert bei den Weibchen die Eireifung. Bei der Wahl der Nisthöhle sind Wellensittiche nicht sehr wählerisch. Nahezu alle verfügbaren dunklen Hohl-

Jetzt beginnt die Brutzeit.

räume werden genutzt. Die Bruthöhlen liegen meist in einigen Metern Höhe. Das Weibchen polstert den Grund mit Mulm und verrottendem Pflanzenmaterial aus. Während sie einige Tage im Dunkeln ausharrt, wird sie vom Männchen am Eingang der Höhle bewacht. Erst wenn das erste Ei gelegt wurde, vergewissert sich das Männchen, ob sein Werben von Erfolg gekrönt war. Die kleinen weißen Eier sind 18-19 mm lang, 14-15 mm breit und wiegen ca. 2 g. Wegen der hohen Sterblichkeitsrate der wildlebenden Wellensittiche verwundert es nicht, daß im Abstand von jeweils zwei Tagen bis zu 6 Eier gelegt werden. Das Weibchen bebrütet diese Eier bei ca. 36°C. Dazu bildet sich kurz vor der Eiablage auf dem Bauch der Brutfleck. Der Nachwuchs schlüpft nach 18 Tagen aus dem Ei. Die Augen sind geschlossen, und es ist noch keine Feder zu sehen. Die Mutter versorgt all ihre Jungen vorbildlich und wird dabei intensiv vom Männchen unterstützt. Auch bei einem Verlust des Partners während der Brut- oder Aufzuchtzeit gelingt es den Weibchen in einem bewundernswerten Kraftakt, einige Jungvögel aufzuziehen. Trotzdem schafft es nicht einmal die Hälfte des Nachwuchses, das Nest zu verlassen. Da die unerfahrenen Jungvögel nach dem Flüggewerden sehr bald auf sich allein gestellt sind, landen sie in großer Zahl in den Fängen der

Ein Pärchen bei der Balz? Irrtum, hier schnäbeln zwei Männchen.

Falken. Die Überlebenden sammeln sich in Jungvogelschwärmen, die sich nach der Brutzeit den großen Nomadenschwärmen anschließen, um sich bei der nächsten Gelegenheit selbst fortzupflanzen. In diesen „Jugendgruppen" wird bereits früh das typische Verhalten der Erwachsenen erprobt und nachgeahmt. Zu einer erfolgreichen Paarung kommt es allerdings noch nicht.

Trotz aller Widrigkeiten konnten weder die natürlichen Feinde noch die harten klimatischen Gegebenheiten den Bestand der Wellensittiche ernsthaft gefährden. Denn die australischen Überlebenskünstler können Verluste durch mehrere Bruten nacheinander rasch ausgleichen.

Ein Ausflug in die Geschichte

Mit der Entdeckung und Besiedlung von Australien begann eine aufregende Zeit für Naturforscher und Entdecker. Hunderte von neuen Tier- und Pflanzenarten wurden erstmals beschrieben, darunter auch ein kleiner bunter Vogel, von dem zunächst nur einige Bälge den Weg nach Europa fanden: der Wellensittich. 1804 gab es im Naturkundemuseum von London ein einziges ausgestopftes Exemplar, das als Kuriosität bestaunt wurde. Shaw nannte den kleinen Papagei ein Jahr später offiziell *Psittacus undulatus* („der gewellte Papagei"). Mit der Zeit überlebten immer mehr Wellensittiche den strapaziösen Transport über den Seeweg. In England setzte sich um 1830 der Name „Budgerigar" oder kurz: „Budgie" durch. „Gutes Essen", so nannten die australischen Ureinwohner den kleinen Vogel, da sie die Vögel als wertvolle Nahrungsquelle in der Wüste jagten und aßen.

Im Jahre 1840 begann der Wellensittich seinen Siegeszug als Heimvogel: Der berühmte britische Forschungsreisende Gould brachte die ersten leben-

Faszination Wellensittich

Überlebenskünstler und Flugakrobaten

Temperaturschwankungen bis zu 40°C können Wellensittiche in ihrer lebensfeindlichen Heimat aushalten. Sie sind hervorragende Flieger. Die Formation riesiger Schwärme wird auch bei plötzlichen Richtungsänderungen exakt eingehalten.

Berühmte Plaudertasche

Sparkie Williams war ein wahres Sprachgenie. Der Wellensittich lernte über 500 Wörter und konnte acht Kinderreime aufsagen. Eine Schallplatte mit seinen „Worten" wurde über 20.000mal verkauft.

Kleine „Intelligenzbestie"

Wellensittiche lösen begeistert kleine Denksportaufgaben. Intelligenztests zeigen, daß sie mindestens bis sechs zählen können. Manche sprechende Vögel lernen sogar, die Wörter im richtigen Zusammenhang zu verwenden.

den Tiere nach Europa. Er erkannte die einzigartige Stellung des Wellensittichs innerhalb der Papageienfamilie und nannte ihn offiziell *Melopsittacus undulatus* (siehe S. 6). Bald wollte jeder so einen Vogel halten. Der Wellensittich wurde ein echter Luxusartikel. In kurzer Zeit entstanden in Holland und Belgien große Zuchtfarmen, die den uner-

sättlichen Markt nach der erfolgreichen Erstzucht um 1845 mit Vögeln belieferte.

Ende des 19. Jahrhunderts gab es in Südfrankreich riesige Farmen, auf denen 100.000 Vögel gehalten wurden.

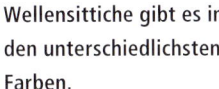

Wellensittiche gibt es in den unterschiedlichsten Farben.

Der anhaltende Boom bescherte Geschäftsleuten große Gewinne. Besonders begehrt und wie Gold gehandelt wurden die äußerst seltenen Mutationen aus freier Wildbahn, beispielsweise rein gelbe oder blaue Vögel, die in den Wildtyp eingekreuzt wurden. Kurz nach dem Ersten Weltkrieg wurde ein blauer Vogel noch mit 1500 Reichsmark gehandelt! 1894 verbot Australien den Export von wilden Wellensittichen, um dem hemmungslosen Handel Herr zu werden. Der Markt konnte jedoch problemlos durch Zuchten abgedeckt werden. Die deutsche Erstzucht gelang 1855 in Berlin. Seit den 30er Jahren wur-

Erwachsene Männchen haben eine leuchtend blaue Wachshaut, unterscheiden sich sonst aber nicht von den Weibchen.

Bei erwachsenen Weibchen nimmt die Wachshaut nach der Geschlechtsreife eine graue bis kräftig braune Farbe an.

den zahllose Farbschläge herausgezüchtet, so daß der Wellensittich als echtes Haustier angesehen werden muß. Neben der reinen Heimtierhaltung hat sich vielerorts die Schauwellensittich-Zucht etabliert, die in regelmäßigen Abständen die Entstehung neuer Farbvarianten bekannt gibt.

Wellensittich-Steckbrief

Mit den ersten Importvögeln haben unsere Wellensittiche nicht mehr viel gemeinsam. Die wenigsten von ihnen tragen noch das wildfarbene Federkleid ihrer australischen Ahnen. Der Körper wurde kompakter und schwerer. Standardwellensittiche erreichen leicht das dreifache Gewicht eines wilden Wellensittichs, der 25 bis 50 g auf

die Waage bringt. Die wesentlichen Merkmale eines typischen Sittichs haben sich jedoch bei allen Farbschlägen bewahrt. Man erkennt auf den ersten Blick, daß es sich um einen typischen Vertreter der Papageien handelt. Ein Merkmal ist der kurze „Krummschnabel", den der Vogel sehr geschickt als Werkzeug und zum Entspelzen der Futtersamen einsetzt. Auch die eigenwillige Anordnung der Zehen – zwei nach vorne, zwei nach hinten – sind ein sicheres Kennzeichen für einen Papageienvogel. Die Farbe der Wachshaut über dem Schnabel, der sogenannten Nuß, gibt oft Auskunft über das Geschlecht der Vögel, das ansonsten schwer zu unterscheiden ist. Außer bei einigen aufgehellten Farbschlägen ist die Nuß bei männ-

Flügelbug

Hand-
schwingen

Wachshaut (Nuß)

Schnabel

Armschwingen

Wangenfleck

Kehltupfen

Brust

Bauch

Bürzel

Lauf

Zehe

Fuß

Kralle

Schwanzfedern

Kleines Farblexikon

Albinos: Weiße Vögel ohne Wellenmuster und mit roten Augen.

Lutinos: Gelbe Vögel ohne Wellenmuster und mit roten Augen.

Normal: Grüne Vögel mit gelbem Kopf oder blaue Vögel mit weißem Kopf, beide stets mit schwarzem Wellenmuster.

Opaline: Wellensittiche, bei denen das Wellenmuster im Nacken- und Rückenbereich V-förmig reduziert wurde.

Schecke: Wellis mit unterbrochenem Wellenmuster und abgesetzten, sehr variabel gefärbten Gefiederpartien.

Spangle: Federn, die bei normalen Wellis schwarz mit heller Säumung sind, sind hier hell mit dunkler Säumung.

Zimter: Wellis, bei denen das ursprünglich schwarze Wellenmuster braun gefärbt ist.

lichen Vögeln deutlich blau. Weibchen haben eine weißlichgraue, braune oder blaßblaue Wachshaut, bei Jungtieren ist die typische Färbung noch nicht ausgebildet. Bei jungen Wellensittichen reicht die typische Wellenzeichnung noch bis zur Nuß. Erwachsene Tiere hingegen sind vom Scheitel bis zur Kehle ungemustert. Ein blauer Wangenfleck und mehrere Kehltupfen, die vermutlich bei der Balz eine wichtige Rolle einnehmen, zieren

15

den Kopf. Ihre Signalwirkung innerhalb eines Wellensittichschwarms ist jedoch bis heute rätselhaft geblieben.

Im Bereich des Bürzels liegt eine für Vögel typische Drüse, die ein öliges Sekret absondert. Dieses Sekret dient zum Einfetten des Gefieders. Außerdem spielt die Bürzeldrüse eine Rolle bei der Vitamin-D-Produktion.

Wie ihre wildlebenden Verwandten haben auch unsere Heimvögel keine feste Brutsaison. Ein geeigneter Nistkasten im Käfig bringt ein Pärchen in Hochzeitsstimmung. 8 bis 10 Tage, nachdem sich das Weibchen in die Nisthöhle zurück-

gezogen hat, legt es das erste Ei, danach jeden zweiten Tag ein weiteres, bis das Gelege ca. 4 bis 6 Eier umfaßt. Während dieser Zeit wird das Weibchen vom Männchen mit Nahrung versorgt. Nach etwa 18 Bruttagen schlüpft das erste Junge, im Alter von 5 bis 6 Wochen werden die Jungvögel flügge. Mit 3 (Männchen) bis 6 (Weibchen) Monaten sind die Vögel geschlechtsreif.

Die wichtigsten Farbschläge

In der australischen Wildnis taucht nur selten einmal ein gelber, blauer oder gescheckter Wellensittich auf. Er wäre viel zu auffällig und würde schnell Greifvögeln zum

Gibt es rote Wellensittiche?

Schon im 19. Jahrhundert haben immer wieder ehrgeizige Züchter versucht, als erste den roten Wellensittich zu züchten. Trotz aller Tricks gelang es niemandem. Die Geldgier verlockte jedoch manch einen, seltsame Wege einzuschlagen. So wurden einige bedauernswerte Vögel mit rotem Pfeffer gefüttert. Man hoffte, der Vogel würde die Färbung annehmen. Ein roter Vogel wäre mit Gold aufgewogen worden! Die Farbpigmente auf den Federästen und Federstrahlen der Wellensittiche enthalten nur gelbe, grüne, blaue und schwarze Pigmente. Daher bleibt der Versuch, einen roten Farbschlag zu züchten, ein Wunschtraum.

Von ganz links nach rechts: Australischer Schecke hellgrün, Normal dunkelgrün, Lutino, Australischer Schecke Zimt hellblau, Australischer Schecke opalin grau, Normal dunkelgrün, Australischer Schecke Gelbgesicht hellblau, Australischer Schecke hellgrün, Normal hellblau, Spangle hellgrün, Normal hellblau

17

Das Leben ist bunt – bei Wellensittichen ganz besonders

Wellensittiche gibt es in einer kunterbunten Farbenvielfalt. Die wichtigsten Farbschläge werden im Kasten S. 15 erklärt.

1 Ein kunterbunter Wellensittich-Schwarm! Oben von links nach rechts: Albino, Normal dunkelblau, Normal grau, Normal hellgrün, Opalin hellblau. Unten von links nach rechts: Australischer Schecke opalin dunkelblau, Lutino, Normal hellblau, Opalin graugrün.

2 Die exotische Farbenvielfalt wurde im Laufe der letzten hundert Jahre herausgezüchtet. Hier ein „Gesäumter": Spangle Gelbgesicht violett

Opfer fallen. Bereits im 19. Jahrhundert ließen sich Züchter von den Farbspielarten anspornen, und sie züchteten besonders schöne oder ungewöhnliche Farbschläge. Diese brachten ihnen nicht nur Geld, sondern waren ein Garant für Prestige und Ausstellungspreise. Die wichtigsten Gruppen sind: Die Lutinos (gelbe Vögel) und Albinos (weiße Vögel), denen die dunklen Farbpigmente fehlen, so daß sogar ihre Augen rötlich glänzen. Auch das typische Wellenmuster ist bei diesen Sittichen nicht vorhanden. Bei einigen anderen Farbschlägen ist es zwar noch erkennbar, jedoch stark verblaßt (z.B. Hellflügel) oder auf einen schwarzen Federsaum reduziert, beispielsweise bei den

Wildfarbene Wellensittiche gibt es kaum noch. Oben von links nach rechts: Hellflügel dunkelblau, Normal graugrün, Australischer Schecke dunkelblau, Spangle Lutino. Unten: Lutinos.

Nichts ist unmöglich: Wellensittiche ganz ohne „Wellen". Links: Lutino, rechts: Albino.

Wellensittiche sind Schwarmvögel und lieben die Gesellschaft von Artgenossen, ganz gleich welcher Farbe. Links: Normal dunkelgrün, rechts: Zimt dunkelgrün

Spangles (die „Gesäumten"). Bei den Opalinen ist das Wellenmuster auf dem Rücken V-förmig unterbrochen.

Besonders beliebt sind auch die bunten Schecken und Harlekine, bei denen die Zeichnungselemente unterbrochen sind. Es gibt sie mittlerweile in allen denkbaren Farbschattierungen.

Der Heimtierhalter von Wellensittichen wird sich im allgemeinen nur wenig um die weiteren Feinheiten der Klassifizierung der Farbschlägen kümmern. Wer sich einen größeren Schwarm Wellensittiche zu Hause hält, wird die kunterbunte Farbenvielfalt zu schätzen wissen, die in den letzten hundert Jahren entstanden ist.

Damit sich Wellensittiche bei Ihnen rundum wohl fühlen, bedarf es einiger wichtiger Regeln und Grundsätze, die jeder verantwortungsbewußte Vogelfreund kennen und beachten sollte. Denn wer frühzeitig bei der Pflege und Ernährung seiner Schützlinge Fehler vermeidet und ihre besonderen Ansprüche kennt, wird sich über viele Jahre an gesunden und vitalen Wellensittichen erfreuen.

GUT VERSORGT

Passen Wellensittiche zu mir?

Die kleinen Australier können bei guter Pflege zwischen 10 und 15 Jahre alt werden. Prüfen Sie Ihre Lebensumstände genau, bevor Sie sich die Vögel anschaffen.

1

Sind Sie lärmempfindlich? Gesunde Wellensittiche sind lebhaft und strahlen, auch akustisch, große Lebensfreude aus. Am liebsten halten sie sich in der Nähe ihrer Menschen auf. Je lauter das menschliche „Treiben", desto lauter schnattern und zwitschern auch die Vögel.

2

Wellensittiche brauchen täglich Freiflug! Während der Mauser „verteilen" sie ihre Federn im ganzen Zimmer. Bedenken Sie dabei auch, ob jemand in der Familie auf Federn allergisch reagiert. Auch mit angeknabberten Pflanzen und Möbeln müssen Sie sich unter Umständen anfreunden.

„Planung ist das halbe Leben"

Wellensittiche sind nicht schwer zu halten, doch sollten Sie einige Dinge bedenken, bevor Sie sich die munteren Gesellen ins Haus holen.

Sie brauchen einen Platz für den Käfig, an dem die Vögel Ruhe finden können, aber doch nicht im Abseits stehen. Die intelligenten Wellis können bis zu 15 Jahre alt werden. Während dieser Zeit verlangen sie jeden Tag neben Fütterung und Pflege ganz besonders auch Zuwendung und abwechslungsreiche Beschäftigung. Die Flugakrobaten wollen täglich ihre Runden drehen, wobei vor ihrer Neugier und ihren geschickten Schnäbeln nichts sicher

Haben Sie bereits andere Heimtiere, und werden sie sich mit den munteren Australiern vertragen (S. 25)? Für eine Katze beispielsweise stellt ein Wellensittich, auch wenn er im Käfig sitzt, ein reizvolles Jagdobjekt dar. Ein Zusammenleben im selben Zimmer ist daher meist undenkbar.

Wollen Sie die Vögel für Ihr Kind anschaffen (S. 25)? Zahme Wellensittiche sind muntere Spielgefährten, aber kein Spielzeug! Die Verantwortung für die Vögel liegt trotzdem bei Ihnen, auch in der Urlaubszeit (S. 59).

Ein Wellensittich ist *kein* Wellensittich! Einzeln sollten Sie diese Schwarmvögel nicht halten. Sind Sie bereit, für mindestens zwei Vögel die Verantwortung zu übernehmen – ein Vogelleben lang?

ist. Dabei kann es durchaus so hoch hergehen, daß das bunte, lautstarke Treiben in Ihrer Wohnung auch den Ohren Ihrer Nachbarn nicht verborgen bleibt.

Damit das Zusammenleben mit den Vögeln keine Probleme bringt, dürfen Sie vor dem Kauf die folgenden Punkte nicht außer acht lassen.

Allergien

Bevor Sie sich die Vögel anschaffen, sollten Sie auf jeden Fall klären, ob Sie oder ein anderes Familienmitglied, das in engem Kontakt mit den Vögeln lebt, auf die Tiere allergisch reagiert. Schon so mancher Traum vom eigenen Heimtier zerplatzte, weil im Nachhinein ein

Familienmitglied eine hochgradige Unverträglichkeit gegenüber dem neuen Hausgenossen entwickelte.

Viele Menschen leiden unter dem Kontakt mit Vogelfedern oder Vogelstaub. Gerade für Kinder ist die Enttäuschung riesengroß, wenn sie ihren „Hansi" wenige Tage nach dem Kauf wieder abgeben müssen. Und auch für den Wellensittich ist ein weiterer Umzug nach kurzer Zeit eine sehr leidvolle Erfahrung.

Hegen Sie den Verdacht, daß jemand in der Familie allergisch auf Vögel reagieren könnte, empfiehlt es sich, einen Empfindlichkeitstest beim Arzt zu machen. Oft kommen allergische Reaktionen des Organismus jedoch erst mit der Zeit zum Vorschein. Wer jedoch trotz einer Allergie nicht auf die Gesellschaft seiner Wellensittiche verzichten möchte, kann ihren Lebensraum von der Wohnung in eine Außenvo-

Wellis und andere Tiere – wer paßt dazu?

Hunde	Temperamentvolle Rassen mit ausgeprägtem Jagdtrieb sind ungeeignet. Größere, ruhigere Hunde (z. B. Bernhardiner, Berner Sennenhunde o. ä.) sind bedingt möglich. Leben die Vögel bereits im Haushalt, kann ein Welpe leicht daran gewöhnt werden, daß der Vogelkäfig mit den „Flattermännern" tabu ist.
Katzen	Nicht zu empfehlen, da Katzen die kleinen Sittiche mit ihren Krallen auch durch die Gitterstäbe erwischen und verletzen können.
Streicheltiere	Hamster, Zwergkaninchen, Meerschweinchen, Mäuse & Co. vertragen sich problemlos mit Wellensittichen.
Aquarium	Hier sind weniger die Fische, sondern das Becken eine Gefahrenquelle. Das Becken sollte unbedingt eine Abdeckung haben, Heizstäbe und Aquarienbeleuchtung bitte für Wellensittiche unerreichbar anbringen.

liere verlagern. Auch eine Desensibilisierungsbehandlung beim Hautarzt ist denkbar.

Wellensittiche und Kinder

Viele Experten sind sich inzwischen einig: Haustiere fördern die geistige Entwicklung von Kindern. Die kleinen Sittiche können für sie zu Freunden und Spielgefährten werden, wenn die Kinder von Anfang an mit der artgerechten Haltung und Pflege dieser Tiere vertraut gemacht werden.

Auch Kinder im Vorschulalter können bereits kleinere Aufgaben übernehmen: Beim täglichen Füttern der Tiere und dem Reinigen des Käfigs lernen sie im Laufe der Zeit Verantwortung zu übernehmen. Mit kleinen Leckerbissen (z. B. Kolbenhirse) für den Welli gewöhnen sich Kind und Vogel rasch aneinander. Kinder unter 10 Jahren brauchen dabei jedoch immer die

Anleitung und Hilfe ihrer Eltern. Ältere Kinder können ihre Vögel meist alleine und eigenverantwortlich versorgen.

Andere Heimtiere

Der Wunsch nach Haustieren beschränkt sich häufig nicht nur auf einen Wellensittich. Viele Tierfreunde besitzen bereits vor dem Kauf der Vögel einen Hund, eine Katze oder ein anderes Heimtier, dessen Zusammenleben mit gefiederten Hausgenossen durchaus problematisch werden kann. Das betrifft vor allem die „Raubtiere" unter den Haustieren: Hunde und Katzen. Ein freifliegender Wellensittich weckt den natürlichen Jagdtrieb dieser Tiere, dem der Vogel schnell zum Opfer fallen kann. Gerade die wendigen und kletItererprobten Samtpfoten haben selten große Mühe, die Sittiche zu fangen. Mit ihrer unendlichen Geduld und dem Einsatz der geschickten Pfoten können sie die Vögel sogar durch die Gitterstäbe eines Käfigs hindurch erwischen und schwer verletzen. In diesen Fällen hilft nur eines: Das Zimmer, in dem die Wellensittiche ihre Runden drehen, bleibt für Katze und Hund tabu.

Aber auch vermeintlich harmlose Haustiere können einem Wellensittich – wenn auch nur indirekt – gefährlich werden: Ein Aquarium mit einer ungenügenden Abdeckung kann zur Todesfalle werden. Wellensittiche können nicht schwimmen und ertrinken, wenn sie ins Becken fallen.

Meerschweinchen oder Zwergkaninchen leben mit den kleinen Australiern in der Regel problemlos zusammen. Nicht selten konnten Halter beobachten, wie Vogel und Nager einträchtig denselben Freßnapf für Grünfutter oder Gemüse gemeinsam benutzten.

Auch die Vergesellschaftung mit anderen Vögeln ist einfach. Die geselligen Wellensittiche vertragen sich prächtig mit Nymphensittichen und Grassittichen, aber auch mit größeren Vögeln wie z. B. zahmen Amazonen, welche die kleinen Kobolde aber meist einfach ignorieren. Doch Vorsicht: Brütende Paare anderer Vogelarten (z. B. Plattschweifsittiche) können plötzlich sehr aggressiv werden und andere Vögel attackieren und sogar töten.

Männchen und Weibchen lassen sich nicht am Gefieder, sondern an der Farbe der Wachshaut unterscheiden. Hier zwei Männchen.

Der Wellensittichkauf

Einzelvogel oder Pärchen?

Ein Partner ist für die geselligen Schwarmvögel fast genau so wichtig wie das tägliche Futter. Die kleinen Sittiche müssen mindestens zu zweit gehalten werden, damit sie ihr gesamtes Repertoire an sozialen Verhaltensweisen ausleben können. Ein einzeln gehaltener Wellensittich fühlt sich einsam, wenn seine menschliche Bezugsperson – was sich nie vermeiden läßt – für mehrere Stunden das Haus verläßt. Außerdem kann kein Mensch – selbst bei einer Betreuung rund um die Uhr – den gefiederten Artgenossen ersetzen. Ein Wellensittich-Pärchen oder einen kleinen Schwarm können Sie auch ohne Bedenken einmal über längere Zeit alleine lassen. Die kleinen Krummschnäbel halten sich gegenseitig in Schwung und sind vitaler und gesünder, da sie ihre natürlichen Verhaltensweisen ausleben können.

Dennoch legen etliche Käufer viel Wert auf die Pflege eines Einzeltieres. Sie sind sich durchaus bewußt, daß der Wellensittich als soziales Wesen ohne enge Bindungen geistig und körperlich verkümmert. Sie befürchten jedoch, daß ihr Hausgenosse nie zahm und anhänglich wird, wenn er mit einem arteigenen Partner zusammen lebt. Es heißt, nur

Wellis sollten mindestens paarweise gehalten werden.

Einzeltiere lernen sprechen, kommen bereitwillig auf den Finger und bauen eine innige Beziehung zu ihrer Bezugsperson auf. Dies ist so jedoch nicht allgemein gültig. Auch paarweise gehaltene Wellensittiche können zutraulich werden, wenn man sich intensiv mit ihnen beschäftigt.

Wer **zunächst** dennoch einen Einzelvogel erwerben möchte, sucht sich am besten einen lebhaften Jungvogel aus. Im Alter von etwa 6 bis 12 Wochen gewöhnen sich die

Tiere schnell und problemlos an eine ungewohnte Umgebung. Täglich mehrere Stunden Zeit, in denen man sich intensiv mit dem neuen Hausgenossen beschäftigt, mit ihm spielt und spricht, sind dringend nötig. Nur dann kann die Bindung des Wellensittichs an sei-

nen Menschen eng und harmonisch werden. Der Vogel wird sich ganz auf seinen einzigen Partner, den Halter, fixieren und leiden, wenn er länger abwesend ist. Und dies kann schneller geschehen, als man denkt. Ein Urlaub, berufliche Zwänge oder Krankheit können dazu führen, daß Sie Ihren Welli die meiste Zeit des Tages alleinlassen müssen.

Deshalb sollten Sie **spätestens** nach ca. einem Monat einen Partner für Ihren inzwischen zahmen Vogel kaufen. Ist der zweite Vogel jünger als der erste, wird er sich an dem Verhalten des älteren orientieren. So verlieren Sie nicht die Zuneigung Ihres ersten Wellensittichs, sondern verdoppeln Ihre Freude an den kleinen Australiern und ermöglichen ihnen ein artgerechtes Leben.

Die Anwesenheit eines Artgenossen fördert das Selbstbewußtsein und die Gesundheit der Vögel, die

Viel Spaß mit Wellensittichen: Kinder lernen schnell den richtigen Umgang mit der bunten Schar.

Alleine spielen macht keinen Spaß...

...doch zu zweit ist immer was los.

viele ihrer natürlichen Verhaltensweisen nun besser ausleben können. Trotzdem werden Sie nicht außen vor bleiben. Zahme und vertraute Vögel werden immer wieder Spiel und Spaß mit ihrem „flugunfähigen Zweibeiner" suchen. Nachts können Sie sicher sein, daß Ihre Vögel keine Todesängste ausstehen, da sie sich in Gesellschaft anderer Wellensittiche auch im Dunkeln sicher fühlen. Auch wenn Sie mehrere Stunden am Tag nicht zu Hause sind, werden sich zwei Vögel nie verlassen und gelangweilt fühlen. Wer den Kauf eines Wellensittichs erwägt, mag daher bedenken, daß Platz, Geld und Zeit in jedem Fall auch für zwei Tiere reichen werden.

Männchen oder Weibchen

Im Prinzip ist es egal, ob Sie nun zwei Männchen, zwei Weibchen oder ein „richtiges" Pärchen halten

– es sei denn, Sie wollen züchten. Männchen und Weibchen werden gleichermaßen zahm. Erfahrungsgemäß vertragen sich zwei Männchen jedoch häufig besser als zwei Weibchen, da männliche Vögel auch bei Anwesenheit von Partnerinnen ausgeprägte Freundschaften zum gleichen Geschlecht pflegen.

Männliche und weibliche Vögel lassen sich an der Farbe der Wachshaut unterscheiden: Bei Männchen ist sie blau, bei Weibchen hat sie eine bräunliche Farbe (siehe Abbildung S. 14). Bei sehr jungen Vögeln ist diese einfache Unterscheidung allerdings nicht möglich, da ihre Wachshaut noch eine zart rosa bis zart blaue Farbe besitzt. Gelbe (Lutinos) und weiße (Albinos) Vögel behalten diese helle Farbe oft zeitlebens, so daß auch bei ihnen die Geschlechtsbestimmung schwierig sein kann.

29

Phantastische Farben

Da das Geschlecht der Vögel für die Haltung nur eine untergeordnete Rolle spielt, suchen sich viele Käufer ihre Wellis einfach nach der Farbe aus. Den Launen der Natur und der Phantasie der Züchter sind nahezu keine Grenzen gesetzt. Die häufigsten Farbschläge werden im Kasten S. 15 vorgestellt.

Wo kauft man Wellis?

Wer sich entschieden hat, Wellensittiche als Heimtiere zu erwerben, sollte sich seine Bezugsquelle sorgfältig auswählen. In erster Linie sei hier auf die seriösen Züchter verwiesen, die gerade den Einsteigern unter den Sittichhaltern viele gute Ratschläge mit auf den Weg geben können. Wer bereits an einen Zweit- oder Drittvogel denkt, hat bei privaten Züchtern oft die Möglichkeit, Tiere leihweise zu erstehen, um zunächst einmal auszutesten, ob sich die Neuzugänge mit den alteingesessenen Wellensittichen zu Hause auch problemlos verstehen. Vertragen die Tiere sich dann nicht, tauschen viele Züchter den Vogel gerne um.

Im Zoofachhandel kann man das ganze Jahr über junge Wellensittiche kaufen, während viele Züchter während der Wintermonate ihren Zuchtpaaren keine Nistkästen anbieten. Auch im Zoofachgeschäft sollte der Käufer kritisch sein und Wert auf eine qualifizierte Beratung legen. Ob beim Züchter oder im Fachhandel: Jeder zum Kauf angebotene Wellensittich muß beringt sein, damit seine Herkunft jederzeit – vor allem aber im Falle einer ansteckenden Krankheit – nachvollzogen werden kann.

Auch aus dem Tierheim können Sie Wellensittiche zu sich holen. Häufig hatten diese Vögel aber keine schöne Vergangenheit und sind deshalb scheu, ängstlich und mißtrauisch. Doch mit etwas Erfah-

Pärchen finden sich oft schon beim Züchter oder in der Zoohandlung. Man sollte sie nicht trennen, sondern sie gemeinsam ins neue Heim holen.

rung und vielleicht schon einem kleinen eigenen Schwarm können Sie gerade solchen Tieren ein neues Zuhause bieten. Es ist erstaunlich, wie schnell manch ein verwahrloster Vogel in einer Wellensittich-Gruppe wieder aufblühen kann.

Doch Vorsicht! Sollten Sie einen solchen Wellensittich erwerben, vergessen Sie nicht, ihn zuerst Ihrem Tierarzt vorzustellen. Der Neuzugang sollte gründlich untersucht werden, um eine mögliche Ansteckung der bereits vorhandenen Schar auszuschließen.

Die Qual der Wahl

Nun stehen Sie im Zoofachgeschäft oder beim Züchter vor einem kunterbunten Schwarm großer und kleiner, frecher und ruhiger, alter und junger Wellensittiche in allen erdenklichen Farben. Der ratlose Einsteiger wählt seine Favoriten meist anhand der Färbung aus.

Lassen Sie sich bei der Wahl der Vögel ruhig viel Zeit. Beobachten Sie den Schwarm genau. Sie werden bald verblüffende Unterschiede im Verhalten feststellen, die bei der Auswahl eine wichtige Rolle spielen können. Da der Erwerb von Wellensittichen Vertrauenssache ist, scheuen Sie sich nicht, den Verkäufer oder Züchter mit Fragen zu löchern.

Checkliste: Beim Kauf beachten

- ○ Leben die Wellensittiche in einer sauberen, nicht zu kleinen Voliere?
- ○ Haben die Vögel ein gepflegtes, glänzendes Gefieder?
- ○ Ist die Kloake sauber?
- ○ Zeigen Brust und Unterbauch keine unnatürlichen Verdickungen?
- ○ Sind Flügel und Füße gesund entwickelt und ohne offene Wunden?

- ○ Sind die Nasenöffnungen frei von Ausfluß?
- ○ Sind die Tiere lebhaft und machen einen aufgeweckten Eindruck?
- ○ Beantwortet der Züchter/Verkäufer bereitwillig alle Ihre Fragen?
- ○ Wenn Sie alle diese Fragen mit „ja" beantworten, können Sie die Vögel mit gutem Gewissen erwerben.

Ein erfahrener Züchter oder kompetenter Zoofachhändler wird Ihnen gerne bei der Auswahl der Vögel helfen.

Halten Sie im Schwarm Ausschau nach vitalen und kräftigen Tieren. Zierliche Wellensittiche mit mattem Gefieder, die sich nur wenig mit ihren Artgenossen abgeben und einen sehr müden und teilnahms-losen Eindruck machen, werden ihr Verhalten auch bei Ihnen zu Hause nicht ablegen. Suchen Sie nach lebhaften Jungtieren im Alter von etwa 5 bis 9 Wochen, die einen möglichst kräftigen Eindruck machen und rege am Sozialleben teilnehmen. Sehr junge Wellensittiche unter 5 Wochen dürfen Sie nicht kaufen. Sie sind häufig noch nicht futterfest,

d. h., sie sind noch nicht daran gewöhnt, alleine zu fressen und brauchen noch die Hilfe ihrer Eltern.

Wenn Sie die Tiere eine Weile beobachten, werden Sie erkennen, daß sich oft schon Pärchen gefunden haben: Sie sitzen eng beieinander, pflegen sich gegenseitig das Gefieder und schnäbeln. In einem solchen Fall sollten Sie die Tiere nicht voneinander trennen, sondern gleich beide Vögel kaufen. Die Wellensittiche werden sich gemeinsam schneller bei Ihnen einleben und als festes Paar glücklicher sein. Ältere Vögel sollten Sie auf jeden Fall nur als Paar erwerben.

Senioren unter den Wellensittichen sind nur Kennern zu empfehlen, da diese Vögel sehr empfindlich auf Störungen in ihrem gewohnten Rhythmus reagieren können und anfälliger gegenüber Krankheiten sind.

Wenn Sie eine Wahl getroffen haben, lassen Sie sich die Vögel herausfangen und zeigen. Beachten Sie dabei die Punkte im gegenüberliegenden Kasten.

Das Beste für meine Wellis

Anfallende Kosten

Die Haltung von Wellensittichen ist im Vergleich zur Hunde- oder Katzenhaltung recht kostengünstig. Für die Grundausstattung für zwei Vögel (Preis pro Vogel ca. 30,– bis 50,– DM) sollte man dennoch mit etwa 100,– bis 150,– DM rechnen. Man braucht ein ausreichend großes Vogelheim, Futter- und Wasserspender, Spielzeug und Käfigzubehör, Vogelsand, hochwertiges Futter sowie eine Notfall-Apotheke.

Bedenken Sie beim Kauf von Zimmervolieren, daß Sie auch einen tragbaren Käfig für den Transport zum Tierarzt benötigen. Auch das gesündeste Tier kann einmal krank werden. Regelmäßige Besuche beim Tierarzt reißen aber nur selten einmal größere Löcher in den Geldbeutel.

Vogelgerechte Unterbringung

Sparen Sie bei der Grundausstattung nicht am falschen Ende. Nur bei Vögeln, die den ganzen Tag über Freiflug genießen können, sind kleinere Ruhekäfige akzeptabel. Ansonsten empfiehlt es sich, für ein Paar ein geräumiges Vogelheim anzuschaffen, in dem die kleinen

Zur Grundausstattung gehören hygienische Futter- und Wasserspender sowie Sitzstangen aus Holz zum Klettern und Nagen.

Sittiche auch einmal einige Flügelschläge machen können (Länge 100 cm, Breite 50 cm und Höhe 80 cm).

Empfehlenswert sind nur eckige Käfige, runde Vogelbauer schaden dem Orientierungsvermögen der Wellensittiche. Das Gitter sollte dunkel und nicht mit Kunststoff überzogen sein. Helle Gitter behindern die Wellis bei der Wahrnehmung ihrer Umgebung. Der Kunststoffbezug von Gitterstäben wird häufig abgenagt und kann, wenn er verschluckt wird, zu Gesundheitsproblemen führen. Damit sich die Vögel keine Quetschungen am Kopf zuziehen können, sollte die Gitterweite höchstens 15 mm betragen. Da Wellensittiche gerne klettern, sind Vogelheime mit waagerecht verlaufenden Gittern unbedingt zu empfehlen.

Sämtliche Einschübe (Boden, Futternapf, Trinkröhrchen) müssen leicht zu entfernen sein, um die regelmäßige Reinigung zu erleichtern. Achten Sie darauf, daß die Einflugtür so groß ist, daß Ihre Hand bequem hineingreifen und ein Badehäuschen fixiert werden kann.

Ersetzen Sie Plastikstangen durch Holzstangen, am besten in verschiedenen Dicken aus unbehandeltem Naturholz, und entfernen Sie Spiegel, Plastikvögel oder sonstiges vogelfeindliches Zubehör.

Wellensittiche lieben Spielzeug, brauchen jedoch einen Partner aus Fleisch und Blut, der auf ihr Verhalten auch angemessen reagiert.

Den Boden des Käfigs kann man mit Zeitungspapier auslegen und mit Vogelsand bedecken. Viele Wellensittiche lieben es, in dem feinen grithaltigen Sand zu scharren.

Das Käfigdach ist oft ein beliebter Freisitz.

Wellensittiche lieben buntes Spielzeug, das auch noch Geräusche von sich gibt.

Wetzsteine und Sepiaschalen liefern Mineralien und halten den Schnabel in Form.

Der Freisitz – Vogelspaß pur

Nehmen Sie in jedem Fall speziell für Heimvögel abgepackten Sand, da dieser frei von gefährlichen Keimen ist. Sandpapier als Bodenbelag oder auch als Bezug für die Sitzstangen sollten Sie nicht verwenden. Die empfindliche Haut an den Füßen der Vögel wird dadurch geschädigt.

Zubehör und Spielzeug

Achten Sie beim Kauf der Wellensittich-Utensilien in erster Linie auf Zweckmäßigkeit. Die Gebrauchsgegenstände sollten gut zu reinigen sein und keine Risiken für die Vögel bergen. Im Zoofachhandel können Sie vogelgerechte Artikel für die Grundausstattung erwerben.

Futter und Wasser sollte man aus Spendern anbieten. Verschmutzungen können dadurch vermieden werden. Auch läßt sich leichter kontrollieren, ob und wieviel die Vögel fressen. Trinkröhrchen sollten dunkel getönt sein, um Vitaminzusätze vor der Sonneneinstrahlung zu schützen.

Wenn Sie zwei Vögel im Käfig halten, sind Sie gut beraten, auch zwei separate Futter- und Wasserstellen einzurichten. Selbst die friedlichsten Wellensittichpärchen sind arge Futterneider – auch wenn sie sich später gegenseitig füttern!

Offene Extranäpfe für Grünfutter oder Obst sowie eine Halterung für Wetzsteine oder einen Schulp sind sinnvolle Anschaffungen für ein komplett ausgestattetes Wellensittichheim.

Spielzeuge für Papageien und Sittiche gibt es mittlerweile in großer Zahl. Sie sollten so im Käfig angebracht werden, daß kein Kot in das Futter fallen kann. Am besten kombiniert man sie mit einem Freisitz oder einem Kletterbaum, den man außerhalb des Käfigs befestigt. Solche Konstruktionen sind im Fachhandel zu kaufen oder leicht aus Naturhölzern zu basteln. Da Wellensittiche einen sehr individuellen Charakter haben, kann man nie vorhersagen, mit welchem Spielzeug man ihnen die größte Freude bereitet. Männchen schätzen oft Leitern und Schaukeln, während Weibchen Objekte bevorzugen, an denen sie ihren Nagetrieb ausleben können. Die meisten Zubehörteile kosten den Vogelhalter kein Vermögen. Mit einem Budget von etwa 50,– DM können Sie Ihren Vögeln schon jede Menge Spaß und Abwechslung bieten.

Im Lauf der Zeit wird sich der Bestand an Gerätschaften immer weiter vergrößern: Keimschalen, Metallbürsten zum Reinigen der Holzstan-

gen und verschiedene Halterungen für Obst- und Grünfutter komplettieren dann die Ausstattung.

Die wellisichere Wohnung

Nachdem Sie die Grundausstattung für Ihre Wellensittiche zusammengestellt haben, sollten Sie daran denken, daß Ihre Vögel ihr Leben nicht nur im Käfig verbringen wollen. Der tägliche Freiflug ist wichtig für das Wohlbefinden der Wellis – und er wird in Ihrer Wohnung stattfinden. Deshalb sollten Sie schon vorab überlegen, welches Zimmer als „Flughafen" eingerichtet werden soll und alle potentiellen Gefahren ausschalten (siehe S. 39,40).

Mit dieser Futterschaukel wird Fressen zum Geschicklichkeitsspiel.

Wellensittiche brauchen viel Bewegung. Gönnen Sie Ihrem Vogel soviel Freiflug wie möglich.

Die Küche ist der denkbar schlechteste Ort für Wellensittiche. Die Rauchentwicklung während des Kochens und Bratens und vor allem Dämpfe von heißen Teflonpfannen sind Gift für die empfindliche Vogellunge. Das Risiko, daß Ihnen ein Vogel auf der heißen Herdplatte landet, ist außerdem unkalkulierbar. In einer Küche sind außerdem viele Dinge zu finden, die einem Wellimagen schlecht bekommen: Menschliche Nahrung, winzige Glassplitter, Reinigungsmittel.

Wer seine gefiederte Schar im Wohn- oder Kinderzimmer halten möchte, sollte die Neugier der kleinen Krummschnäbel in seinen Überlegungen berücksichtigen. Besonders brutlustige Weibchen können höhlenartigen Verstecken wie Ritzen oder Spalten in Regalen und anderen Möbelstücken nicht widerstehen. Diese „Höhlen" sollten deshalb entweder wellensittichsicher verschlossen werden oder so groß

sein, daß ein Vogel nicht darin steckenbleiben kann.

Die neugierigen Wellis untersuchen alles mit ihrem Schnabel, sie nagen und knabbern gerne. Vieles, was ihnen in einer Wohnung vor den Schnabel kommt, ist jedoch gefährlich: Giftige Pflanzen – dazu zählen sehr viele der gängigen Zierpflanzen (siehe S. 50) – Elektrokabel, Kleinteile von Spielzeug (können verschluckt werden), Kugelschreiberminen, Filz- und Buntstifte, Klebstoff, Süßigkeiten, Aschenbecher, Alkohol.

Wenn Ihre gefiederten Hausgenossen unterwegs sind, räumen Sie am besten alles weg, was nicht hundertprozentig vogelsicher ist. Dazu gehören auch Vasen und ähnliche Gefäße, in die der Wellensittich zwar hinein, aber nicht wieder alleine heraus kommt und natürlich offenes Feuer.

In den Schlingen grob gewebter-

Teppiche bleiben Wellensittiche schnell mit ihren Krallen hängen. In Panik geraten, versuchen die Vögel davonzufliegen. Dabei reißt im schlimmsten Fall die Zehe ab! Auch Gardinen, die gerne einmal angeflogen werden, können zu tückischen Fußangeln werden.

Viele Gefahren lassen sich ausschalten, wenn Sie im Wellensittichzimmer mehrere sichere Landeplätze installieren. Einen Kletterbaum mit Futterstelle und

Spielzeug werden die Vögel in jedem Fall lieber ansteuern als ein rutschiges Regal. So bleiben die Möbel vor der Nagelust verschont, und der Kot verteilt sich nicht im ganzen Zimmer, sondern bleibt durch das Anbringen von Freisitzen auf wenige Stellen beschränkt.

Gefahrenquellen

Küche
○ Teflon- und Frittierdämpfe
○ Heiße Herdplatten
○ Essensreste
○ Glasscherben, Messer, Scheren
○ Gewürze
○ Offene Töpfe, tiefe Gefäße mit glatter Wandung
○ „Fliegenfänger"

Wohnzimmer
○ Grobe Teppichfasern
○ Enge Spalten und Ritzen in Regalen oder anderen Möbelstücken
○ Gardinen (v. a. mit bleihaltigen Beschwerungskügelchen)
○ Elektrokabel
○ Kakteen und Giftpflanzen (siehe auch S. 50), Pflanzendünger
○ Kugelschreiberminen
○ Kerzen und offenes Feuer (Kamin)
○ Aschenbecher
○ Offene Gefäße mit Alkohol, offene Aquarien

Kinderzimmer
○ Kleinteile von Spielzeug (können verschluckt werden!)
○ Elektrokabel
○ Filz- und Buntstifte, Kugelschreiber
○ Scheren, Klebstoffe
○ Süßigkeiten
○ Ritzen und Spalten in Möbeln (v. a. in Regalen, Schubladen und Betten)

Wellensittiche beim ausgelassenen Spiel mit Artgenossen

Freiflug

Nachdem alle Gefahrenquellen beseitigt sind, kann es losgehen: Schließen Sie alle Türen, damit Ihre australischen Flugkünstler nicht entwischen. Achten Sie jedoch darauf, daß Sie keinen Vogel einklemmen. Fenster und Balkontüren können mit Fliegendraht gesichert werden. Ein positiver Nebeneffekt: Das Eindringen lästiger Mücken und Fliegen wird verhindert. Kontrollieren Sie den Draht regelmäßig auf Lücken. Denn gerade Weibchen können sich durch jede Lücke zwängen. Sie erweitern sie notfalls auch durch Nagearbeiten. Ein Wellensittich, der erst einmal den Weg ins Freie gefunden hat, kommt selten wieder zurück! Da wildlebende Wellensittiche als Nomaden kein ausgeprägtes Ortsgedächtnis haben, finden unfreiwillige „Ausflügler" nur selten wieder zurück und fallen leicht Greifvögeln und Katzen zum Opfer.

Der richtige Käfigstandort

Der Standort des Vogelheims spielt für die Sittiche eine große Rolle. Hier verbringen sie ihre Nachtruhe, fressen und trinken. Im Vogelheim sehen die Wellensittiche einen vertrauten und sicheren Platz, an dem sie so wenig wie möglich gestört werden. Ansonsten wird der Ort der Geborgenheit schnell zum Gefängnis, in das die Vögel nach dem Freiflug kaum freiwillig zurückkehren.

Ideal ist ein ruhiger, möglichst hoch gelegener Platz in der Wohnung, an dem der Käfig auf Dauer seinen Stammplatz erhält. Ein häufiger Wechsel ist ein starker Streßfaktor für die Vögel. Mehrere Freisitze, Vogelbaum o. ä. sollten Sie in dem zukünftigen Vogelzimmer, in dem die kleinen Sittiche auch ihre Flugrunden drehen, ebenfalls anbringen (siehe S. 36).

Stellen Sie das Vogelheim nicht in einen Raum, in dem sich den ganzen Tag niemand aufhält. Wellensittiche sind auch mit ihren Menschen ausgesprochen gesellig und nehmen gerne lautstark am Familienleben teil. Das Raumklima des Vogelzimmers sollte das ganze Jahr gleichmäßig sein. Zu trockene Luft schadet der empfindlichen Vogellunge ebenso wie reizende Küchendämpfe oder ätzende Gerüche von Farben und Lacken.

Auch in der Nähe eines Fernsehers sind Wellis falsch aufgehoben. Laute Geräusche und die flimmernden Bilder strapazieren das Nervenkostüm der Vögel. Nötigenfalls können Sie aber die der Flimmerkiste zugewandte Seite des Käfigs abdecken und die Lautstärke reduzieren. Eine Qual für die Vögel ist auch ein Platz auf einem ständig vibrierenden Kühlschrank.

Ungeeignet sind Standorte im prallen Sonnenlicht oder Plätze, an denen Zugluft herrscht. Wellensittiche vertragen zwar auch kühle Temperaturen, jedoch

Wichtig bei Freifliegern: Der Futternapf außerhalb des Käfigs

Zu zweit fällt die Eingewöhnung leichter.

keine Zugluft. In Freivolieren können sie sich auch gut an Temperaturen von 5° bis 10° C anpassen.

Frischluft bekommt den Vögeln ausgezeichnet und stärkt ihre Immunabwehr. Bei Temperaturen über 20°C kann man sie im Käfig daher bedenkenlos auf die Terrasse oder auf den Balkon stellen. Auch hier müssen sie vor direkter Sonneneinstrahlung, Zugluft und vor Katzen und Raubvögeln geschützt werden.

Die ersten Tage

Nachdem alle Vorbereitungen getroffen sind, können die neuen Mitbewohner einziehen. Für die Vögel ist dies eine sehr aufregende Erfahrung. Zunächst werden sie sicher alles andere als zutraulich, sondern vielmehr schüchtern und etwas ängstlich sein. Überfordern Sie die Tiere nun nicht und versuchen Sie nicht, sie mit Gewalt zu „zähmen": Lassen Sie sie von ihrem Käfig aus zunächst alles beobachten. Schnell werden sie sich daran gewöhnen, von Ihnen gefüttert zu werden und bald keine Angst mehr vor der großen Menschenhand zeigen, die ihnen Leckereien bringt.

Junge Vögel gewöhnen sich rasch an ihre neue Umgebung. Schon nach 1 bis 2 Wochen wird ihnen ihr neues Heim so vertraut sein, daß sie immer neugieriger werden. Nun können Sie auch einmal die Käfigtüre offen lassen. Schüchterne Vögel lassen sich mit einem Leckerbissen aus dem Käfig locken. Kolbenhirse wird von allen heiß geliebt, und kaum ein Wellensittich wird widerstehen können. Falls dieser Trick nichts hilft, versuchen Sie niemals, einen Vogel mit Gewalt aus dem Käfig zu holen, indem Sie ihn herausschütteln oder nach ihm greifen. Die Todesängste, die er bei einer solchen Prozedur durchlebt, wird er niemals vergessen und nie Vertrauen zu Ihnen aufbauen.

Kolbenhirse ist auch ein wunderbares Mittel, um Wellis den ersten Schritt auf den Finger eines Menschen schmackhaft zu machen. Bie-

Fördern Sie von Anfang an den angeborenen Spieltrieb Ihres Vogels mit Spielzeug aller Art.

ten Sie dem Vogel ein Stückchen davon auf der Hand an und sprechen Sie beruhigend mit ihm. Früher oder später wird er sich den Leckerbissen holen und dabei lernen, daß von Ihrer Hand keine Gefahr droht und dann auch ohne „Bestechung" auf Ihren Finger kommen.

Keine Sorge: Auch als Pärchen gehaltene Wellis werden handzahm. Sobald der erste den Schritt auf Ihren Finger gewagt hat, wird der nächste bald folgen. Zu zweit fällt den Vögeln die Eingewöhnungszeit leichter, und sie fühlen sich in ihrer neuen Umgebung schneller wohl.

Mit Geduld, gutem Zureden und einem Leckerbissen kommen auch Ihre Wellis bald auf den Finger.

Krummschnäbel füttern leichtgemacht

Die richtige Ernährung des Wellensittichs ist eine wesentliche Voraussetzung für ein gesundes, langes Vogelleben. Falsche Ernährung führt bei den kleinen Vögeln schnell zu Krankheiten oder zu Verfettung.

Wilde Wellensittiche müssen oft mit einer recht spärlichen Kost vorliebnehmen, was manchen Vogelfreund zu der irrigen Annahme verleiten könnte, seinen gefiederten Freunden eine vergleichbar magere Kost anbieten zu dürfen. Weit gefehlt! Denn unsere Wellensittiche benötigen neben verschiedenen Saaten regelmäßig Obst und Grünfutter, die nicht nur das Wohlbefinden steigern, sondern auch das Immunsystem der Tiere stärken.

Wellensittiche sind Körnerfresser. Die verschiedenen Hirsearten mögen sie besonders gern.

Körnerfutter

Das im Handel erhältliche Wellensittich-Mischfutter ist qualitativ hochwertig und eignet sich gut als Ernährungsbasis. Wer sich seine Futtermischung selbst zusammenstellen will, hat in vielen Zoogeschäften die Möglichkeit, Einzelsaaten zu erwerben. Diese können zu Hause individuell kombiniert werden. Empfehlenswert ist eine Mischung von 25 % Spitzsamen, 25 % Silberhirse, 45 % andere Hirsearten (z. B. Mannahirse, Bluthirse) und 5 % Haferkerne. Besonders wertvoll ist die Silberhirse, die man in manchen Fachgeschäften – neben der bekannten Kolbenhirse – auch schon als Rispe kaufen kann. Die Basisfuttermischung läßt sich durch Wildsamen-Mischungen verfeinern.

Es gibt verschiedene Berechnungen, wieviel ein Wellensittich täglich fressen darf. Lassen Sie sich von solchen Zahlenspielereien nicht verwirren! Wenn die Vögel im kleinen Schwarm in der Wohnung fliegen, nehmen sie in der Regel nicht mehr Nahrung zu sich als nötig. Bei Vögeln, die wenig Freiflug haben, ist eine Erhöhung des Grünfutter- und Obstanteils zu empfehlen.

Vom Knusperherzen bis zum Vogelbisquit: Von Wellis heißgeliebte Leckereien, die aber auch schnell dick machen können.

Heißgeliebte Leckereien

Die wichtigsten „Dickmacher" reicht man den Vögeln nicht täglich, sondern höchstens ein- bis zweimal die Woche (z. B. Kräcker, Kolbenhirse) als Leckerbissen zwischendurch. Bei Papageienvögeln besonders beliebt, aber mit Vorsicht zu genießen, sind sehr fetthaltige Futtermittel. Dazu zählen Hanf und Kardisaat, auf die man bei der Wellensittichernährung am besten ganz verzichtet, und die Kolbenhirse. Kaum ein Vogel kann hier widerstehen. Daher sollte man unbedingt darauf achten, daß die Krummschnäbel neben ihrem Lieblingsfutter immer genügend Bewegung bekommen.

Futterqualität

Die Qualität von Saaten kann leicht überprüft werden. Erstklassiges Keimgut

Wellensittiche nehmen gerne Muschelkalk und Grit auf.

Von Wellis heiß geliebt: Äpfel

ist zu 100% keimfähig, das können Sie selbst an einer kleinen Menge testen. Es riecht nicht unangenehm säuerlich, und die Körner kleben nicht aneinander. Bei längerer Lagerung, sehr warmen Temperaturen oder hoher Luftfeuchte siedeln sich schnell Pilze und Fäulnisbakterien an. Im Sommer lockt das Saatgut viele unerwünschte Mitesser an. Mischungen, die von Käfer- oder Mottenlarven befallen sind, sollten nicht weiter verfüttert werden. Vermeiden Sie also Vorratskäufe, wenn Sie das Futter nicht kühl und trocken – immer in einem gut schließenden Behälter – lagern können.

Obst und Gemüse

Neben einem ausgewogenen Saatengemisch benötigen Wellensittiche regelmäßig Obst und Grünfutter. Vor allem in der Mauser- und Brutperiode sind diese vitamin- und mineralstoffreichen Bestandteile der Vogelnahrung immens wichtig.

Äpfel stehen bei Wellensittichen ganz oben auf der Beliebtheitsskala. In Scheiben geschnitten, lassen sie sich auf Sitzästen oder am Käfiggitter befestigen. Sie werden feststellen, daß Ihre Vögel wählerisch sind und nicht jede Apfelsorte gleichermaßen gierig umlagern.

Damit der Vogelschnabel und die Nasenöffnungen nicht zu sehr verkleben, sollte man auf weiche Früchte wie etwa Bananen verzichten. Empfehlenswert ist Obst mit festem Fruchtfleisch, z. B. Wassermelonen, Birnen, Mangos, Aprikosen, Pfirsiche, Weintrauben und Ananas. Kirschen und Pflaumen werden von Wellensittichen nur selten gefressen. Luftgetrocknetes, ungeschwefeltes Obst, das es mittlerweile in vielen Zoofachgeschäften zu kaufen gibt, wird von Vögeln gerne gefressen. Wegen ihres hohen Säuregehaltes ist von Zitrusfrüchten wie Orangen und Zitronen abzuraten. Für Sittiche lebensbedrohend ist die Avocado, die selbst in kleinen Mengen nicht gefüttert werden darf.

Alle Obstrationen müssen von frischen Früchten stammen, denn eingelegte oder gezuckerte Obststücke schaden der Vogelgesundheit. Legen Sie die Früchte aus hygienischen Gründen nicht direkt auf

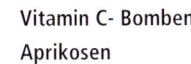

**Vitamin C- Bomben:
Aprikosen**

den Käfigboden. Befestigen Sie sie an den Sitzstangen, am Käfiggitter oder geben Sie sie in einen Extrafutternapf. Nach spätestens einem Tag müssen die Reste entfernt werden.

Der Speiseplan wird mit Gemüserationen abgerundet. Besonders gerne werden Möhren – auch geraspelt – und Gurke gefressen. An andere Futterpflanzen muß man seine „Feinschmecker" oft erst gewöhnen.

Von Tomaten und Paprika wird im allgemeinen abgeraten, da sie zu Kropfproblemen führen können. Rohe Hülsenfrüchte sind giftig und sollten daher aus dem Futterplan gestrichen werden. Kohlrabi, Blumenkohl und Weißkohl kann man in Maßen reichen.

Wellensittiche sind zwar sehr neugierig, aber oft auch sehr argwöhnisch. Geben Sie also nicht zu schnell auf, wenn Ihre Hausgenossen nicht

sofort über die ihnen unbekannten Leckereien herfallen.

Wildpflanzen

Wer die Möglichkeit hat, abseits der dicht befahrenen Straßen im Grünen Wildpflanzen zu sammeln, sollte seinen Wellensittichen diese exzellente Zusatznahrung nicht vorenthalten. Sie werden staunen, wie begeistert sich Ihre Vögel über einen blühenden Gräserstrauß hermachen werden. Für bestimmte, sehr schmackhafte Arten lassen die kleinen Sittiche sogar ihr tägliches Körnerfutter liegen. Leider ist es nicht ganz einfach, die zahlreichen Grasarten auseinanderzuhalten. Die bei uns häufigen bzw. kultivierten Pflanzen sind jedoch alle unbedenklich als Zusatzfutter aus der Natur einsetzbar. Während die Ähren unserer Kulturgräser (z. B. Weizen) für die zierlichen Sittiche etwas zu groß sind, zählen die Weidel- und Rispengräser zu den begehrtesten Leckerbissen.

Gesunde Wildpflanzen für Wellensittiche

Pflanze	Genießbare Pflanzenteile
Englisches Weidelgras (*Lolium perenne*)	Ähren
Italienisches Weidelgras (*Lolium multiflorum*)	Ähren
Windhafer (*Avena fatua*)	Rispen
Gemeines Rispengras (*Poa trivialis*)	Rispen
Hühnerhirse (*Echinochloa crus-galli*)	Ähren
Vogelmiere (*Stellaria media*)	ganze Pflanze
Sauerampfer (*Rumex acetosa*)	Früchte und Blätter
Großer Wegerich (*Plantago major*)	Früchte
Hirtentäschelkraut (*Capsella bursa-pastoris*)	Früchte
Löwenzahn (*Taraxacum officinale*)	Junge Blätter
Kornelkirsche (*Cornus mas*)	Früchte
Eberesche (*Sorbus aucuparia*)	Früchte

Wellensittiche lieben das zarte Grün von selbst gezogenem Keimfutter – eine gesunde Vitaminbombe!

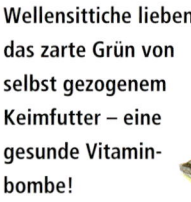

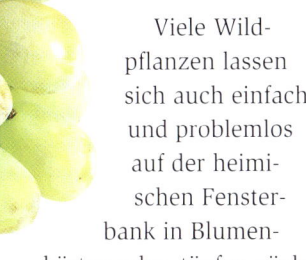

Viele Wildpflanzen lassen sich auch einfach und problemlos auf der heimischen Fensterbank in Blumenkästen oder -töpfen züchten. Das gilt vor allem für die ganzjährig blühende Vogelmiere. Der Eigenanbau ist in jedem Fall die gesündere Alternative für Ihre Wellis, da die in Supermärkten angebotenen Kräuter häufig Reste von Pflanzenschutzmitteln enthalten.

Keimfutter

Auch durch Keimfutterrationen läßt sich die Fitness der Vögel sehr wirkungsvoll steigern. In Zoofachgeschäften wird speziell für Wellensittiche geeignetes Saatgut angeboten, das in Keimautomaten einfach angesetzt werden kann. Nach 12 bis 24 Stunden entwickeln sich in der wasserdampfgesättigten Luft die Pflanzenkeime, die wichtige Nährstoffe enthalten. Gerade in der Mauser oder während der Brutzeit ist das gekeimte Saatgut eine wertvolle Zu-

satznahrung für unsere Hausgenossen. Bei klebstoffreichen Samen wie Leinsamen verzichtet man jedoch besser auf den Keimvorgang, da die gequollenen und untereinander verklebten Körner im Rachen der Vögel stecken bleiben können.

Giftige Pflanzen

Bei Vögeln hat sich oft die Weisheit bewährt: Was giftig oder ungenießbar ist, wird auch nicht gefressen! Leider funktioniert dies bei Wellensittichen nicht, da die Tiere

Mit kleinen Leckerbissen lassen sich Wellensittiche an die Hand gewöhnen.

von Natur aus sehr neugierig sind. Gerade junge Vögel untersuchen alles auf seine Tauglichkeit als Nahrungsmittel. Pflanzen mit Bitterstof-

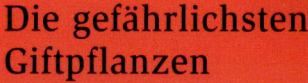

Die gefährlichsten Giftpflanzen

Verzichten Sie Ihren Wellensittichen zuliebe auf die folgenden Pflanzen:

Avocado, Aronstab, Christrose, Christusdorn, Dieffenbachia, Efeu, Eibe, Fingerhut, Goldregen, Hundspetersilie, Hyazinthe, Kroton, Maiglöckchen, Mistel, Narzisse, Oleander, Primel, Stechapfel, Tollkirsche, Weihnachtsstern

Auch Pflanzen mit Stacheln oder Dornen, z. B. Kakteen, Stechpalmen etc. in unmittelbarer Reichweite der kleinen Krummschnäbel können zu gefährlichen Verletzungen, z. B. an den Augen, führen.

fen werden den Vögeln bald automatisch den Appetit verderben. Es gibt jedoch etliche Pflanzenarten, die ihre giftigen Inhaltsstoffe nicht durch einen besonders widerwärtigen Geschmack verraten. Dazu gehören eine Reihe beliebter Garten- und Zierpflanzen, die mitunter recht sorglos in der Reichweite der kleinen Papageien aufgestellt werden. Während es offensichtlich ist, daß die stacheligen Kakteen besser aus dem Vogelzim

Vorsicht! Auch die Blätter
des Holunders sind für
Wellensittiche giftig!

mer entfernt wer-
den sollten, ist es für
viele Halter über-
raschend, wie viele giftige
und ungenießbare Schmuck-
pflanzen dem Leben Ihrer Vögel
ein jähes Ende bereiten können.
Fragen Sie daher ruhig beim Kauf
von Zimmerpflanzen bei Ihrem
Gärtner nach, ob die entsprechen-
den Gewächse als Giftpflanzen ein-
gestuft werden. Im Zweifel verzichten Sie besser auf die angebotenen
Pflanzen.

Vergiftungen können bei Vögeln
schnell zu einem sehr qualvollen
Tod führen. Als Faustregel kann
gelten: Exotische Pflanzen und
krautige Gewächse, die leuchtend
rote oder schwarze Beeren ausbil-
den, beinhalten häufig für Wellensittiche giftige Substanzen. Stark
duftende Blütenpflanzen oder viele
bunt blühenden Zwiebelgewächse
sind als Zimmerschmuck für Vogelhalter in den meisten Fällen ebenfalls ungeeignet. Dasselbe gilt für
Zierpflanzen mit dunkelgrünen
ledrigen Blättern wie beispielsweise
der beliebte Efeu. Völlig unbedenklich sind die meisten heimischen
krautigen Pflanzen (v.a. Gräser),
Beerensträucher und Obstbäume.
Der passionierte Vogelhalter sucht

Wellensittiche baden gerne. Dieser hier bevorzugt wohl das Duschen, bei dem man sich auch gleich ein Schlückchen genehmigen kann.

seine Zimmerbegrünung nach ganz besonderen Kriterien aus. Anstelle der giftigen Primeln, Narzissen und Weihnachtssterne kann man in seiner Wohnung Sonnenblumen und Wildkräutersträuße finden, die teilweise den Wellensittichen zum „Opfer fallen" dürfen.

Bringen Sie Ihren gefiederten Freunden vom nächsten Spaziergang doch auch einmal einen eigenen Vogel-Strauß aus gesunden Wildkräutern mit!

Trinkwasser

Auch wenn Wellensittiche theoretisch ihren gesamten Wasserbedarf über Früchte decken könnten, darf das frische Trinkwasser täglich nicht fehlen. Es ist wichtig, daß die Tiere genügend Flüssigkeit aufnehmen, damit die gefressenen Körner im Magen aufquellen können.

Trinkwasserspender sind sehr hygienisch, offene Wassernäpfchen müssen mehrmals täglich kontrolliert werden, ob das Wasser nicht durch Federchen oder Kot verschmutzt ist. Spezielles „Vogelwasser" oder stilles Mineralwasser muß nicht sein, da unser Leitungswasser in der Regel den Hygieneansprüchen vollauf genügt. Im Zoofachhandel kann man verschiedene Zusätze für das Trinkwasser kaufen, die aber bei einer ausgewogenen Ernährung nicht unbedingt erforderlich sind.

Gepflegt von Kopf bis Fuß

Gefiederpflege

Wellensittiche sind wie alle Papageien sehr reinliche Tiere. Sie verbringen viel Zeit mit der akribischen Reinigung ihres Gefieders. Von der Sauberkeit und Geschmeidigkeit der Federn hängt in der freien Natur das Überleben der Vögel ab. Denn mit verdreckten oder verklebten Federn kann kein Vogel richtig fliegen. Ein solcher Wellensittich würde nur allzu leicht zur Beute australischer Greifvögel werden.

Das gründliche Putzverhalten hat sich auch bei unseren Heimvögeln nicht verändert. Sorgsam wird jede Schwanz- und Schwungfeder mit dem Schnabel und der beweglichen Zunge „gekämmt" (siehe vordere Klappe), das weiche Brust- und Bauchgefieder sortiert und das Federkleid mit dem Sekret der Bürzeldrüse „imprägniert". Es gibt jedoch auch Stellen, die selbst der gelenkigste Wellensittich nicht erreichen kann. Hier ist es natürlich von Vorteil, wenn sich ein aufmerksamer Partner viel Zeit nimmt, um beispielsweise die Stirn und den Nacken zu kraulen. Diese Form der Liebkosung dient gleichzeitig der Körperpflege und der Festigung sozialer Bindungen. Wer engen Kontakt zu seinen Wellensittichen pflegt, wird sehr bald in den Genuß kommen, von seinen gefiederten Freunden „geputzt" zu werden. Plötzlich sitzt der kleine Sittich auf der Schulter und beknabbert liebevoll Haare, Wimpern oder Bart und knetet mit seiner Zunge die Wangen. Dies ist ein Zeichen höchster Vertrautheit. Ihr Welli zeigt Ih-

nen seine Zuneigung durch diese sehr typischen Verhaltensweisen.

Vögel, die gerade keinen „Pfleger" in ihrer Nähe haben, suchen sich einen geeigneten Ast, an dem sie sich nach Herzenslust scheuern können. Es ist immer wieder faszinierend, Wellensittiche bei der eigenen oder gegenseitigen Körperpflege zu beobachten. Die Vögel verstehen es sogar, kleine Ästchen so zu benagen, daß ein spitzes Ende entsteht, mit dem sie punktgenau jeden Bereich des Kopfes massieren können.

Wichtig für Flugakrobaten: Ein sauberes Federkleid.

Badefreuden

Die Badelust der Wellensittiche ist individuell verschieden. Die handelsüblichen Badehäuschen können manche Tiere nicht dazu bewegen, das Gefieder auch nur einmal mit Wasser zu reinigen, andere dagegen nehmen darin mit sichtlichem Genuß ausgiebige Vollbäder.

Manche Vögel schätzen eine gelegentliche Dusche mit der Blumenspritze, andere wiederum baden ausschließlich im fließenden Wasserstrahl im Waschbecken! Welcher „Badetyp" Ihr Vogel ist, müssen Sie daher selbst herausfinden. Vergessen Sie dabei nicht, daß viele Wellensittiche den direkten Kontakt mit Wasser nicht schätzen, sich aber leidenschaftlich gerne in

Das Gefieder wird täglich ausgiebig gepflegt.

Pflege-Checkliste

Täglich

○ Morgens Futter und Trinkwasser wechseln, Wasser-
spender und Futternäpfe
zuvor mit warmem Wasser
reinigen und abtrocknen
○ Obstreste entfernen.
○ Badehäuschen anbringen
bzw. eine Schale mit feuchten, ungespritzten Salat-
blättern hinstellen.
○ Nachmittags: Körnerhülsen
entfernen, damit auch die
darunterliegenden Körner
gefressen werden können.

2–3mal wöchentlich

○ Käfig, Sandschuber und Badehäuschen mit warmem
Wasser reinigen und trocken
reiben.
○ Alle Sitzstangen (Käfig, Spiel-
platz, Freisitz, Vogelbaum)
mit einer Metallbürste von
Kotresten säubern, abwa-
schen und trocken reiben.
○ Vogelsand und Bodenunterlage wechseln.
○ Vogelspielzeug heiß abwa-
schen, abtrocknen und wieder aufhängen.

Monatlich

○ Naturäste im Käfig austauschen.

2–3mal jährlich

○ Gefäße für Futter und
Wasser austauschen.

Jährlich

○ Badehäuschen und Sitzstangen austauschen, defektes
Spielzeug auswechseln.

befeuchtetem Grün, z. B. in Pe-
tersilie, Vogelmiere oder Salatblättern, räkeln. Dies ist ein Erbe ihrer
wilden Verwandten, die frühmor-
gens ein Bad im taufeuchten Gras
nehmen. Haben Sie also „Badehäus-
chenmuffel", stellen Sie Ihren Vögeln doch für die tägliche „Morgen-
toilette" eine Schale mit feuchten
(ungespritzten) Salatblättern zur
Verfügung.

Mauser

Kein Vogel behält sein gesamtes
Leben über das erste Federkleid. Er
muß es periodisch wechseln. Dieser

bedeutende Vorgang wird als Mauser bezeichnet. Sie wird von unerfahrenen Vogelhaltern manchmal als Krankheit fehlgedeutet, ist jedoch ein wichtiger und natürlicher Erneuerungsprozeß, der für den Vogel sehr anstrengend ist.

Der gesamte Mauserzyklus wird von Wellensittichen in weniger als 12 Monaten durchlaufen, das heißt, der Vogel tauscht sein gesamtes Federkleid innerhalb eines Jahres komplett aus. Vor allem, wenn die Kopf-, Schwanz- und Schwungfedern gewechselt werden, ist der Wellensittich nicht so lebhaft wie gewohnt. Er schläft viel und ist anfälliger gegenüber Streß und Krankheiten. Jetzt ist eine besonders ausgewogene Ernährung mit Keim- und Grünfutter, Obst, Mineralstoffen und Vitaminzusätzen wichtig.

Wenn die neuen Federschäfte jucken, zerren die Wellensittiche nervös an den alten Federn herum, bis sie schließlich ausfallen. Versuchen Sie nicht, Ihrem Vogel Erleichterung zu verschaffen, indem Sie ihm beim Auszupfen der Federn helfen – das schafft Ihr Sittich allein. Sie würden ihn nur erschrecken und ihm möglicherweise Schmerzen zufügen. Lediglich Tiere mit Mangelerscheinungen leiden unter der sogenannten Stockmauser. Die neuen Federn entfalten sich nicht richtig, und dem Vogel wachsen nur kümmerliche Federchen nach.

Im Regelfall gehen beim mausernden Vogel weder das Flugvermögen noch die Balzleidenschaft verloren. Um die Flugfähigkeit ständig zu erhalten, werden normalerweise nie zwei nebeneinander liegende Schwungfedern gleichzeitig gemausert. Daher nimmt das vollständige Ersetzen aller zehn Handschwingen eines Flügels bis zu acht Monate in Anspruch.

Jugendmauser

Junge Wellensittiche tragen, nachdem sie den Nistkasten verlassen haben,

Ein rundum gepflegter Vogel ist eine Augenweide.

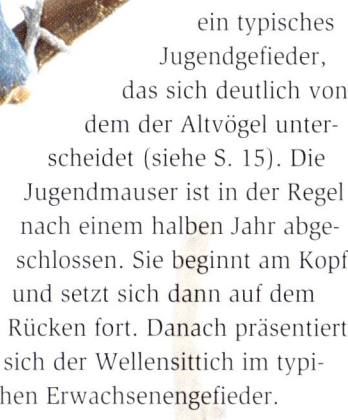

ein typisches
Jugendgefieder,
das sich deutlich von
dem der Altvögel unter-
scheidet (siehe S. 15). Die
Jugendmauser ist in der Regel
nach einem halben Jahr abgeschlossen. Sie beginnt am Kopf
und setzt sich dann auf dem
Rücken fort. Danach präsentiert
sich der Wellensittich im typischen Erwachsenengefieder.

Hygiene im Vogelheim

Wellensittiche gelten als robuste
und wenig anspruchsvolle Heimvögel. Das heißt jedoch nicht, daß
man Hygiene vernachlässigen kann:
Der Vogelkäfig und das Zubehör
muß unbedingt regelmäßig gereinigt
werden (siehe Pflege-Checkliste
S. 55). Sonst kann es unter den Vögeln schnell zu Infektionen kommen, die unter Umständen auch
tödlich verlaufen können.

Ein gesunder Wellensittich läßt
im Durchschnitt alle 20 bis 30 Minuten ein Kotbällchen fallen.Vor allem bei feucht-warmem Wetter entstehen so schnell Infektionsherde.

Damit die Vögel gesund und
munter bleiben, sollte der Käfig
mindestens einmal in der Woche
gründlich gereinigt werden. Die Bodenunterlage (Sand und Papier)

Während der Mauserzeit juckt dem Sittich das Federkleid.

muß vollständig ausgewechselt werden. Eine Säuberung im Dreitage-Rhythmus ist empfehlenswert: Das Gehäuse des Käfigs und die Sitzstangen werden mit heißem Wasser gründlich abgespült und von Kot- und Nahrungsresten, v. a. Obst, das schnell zu gären beginnt, befreit. Dabei ist eine harte Bürste oft sehr hilfreich.

Futterschalen und Trinkgefäße sollten jeden Tag gereinigt werden, damit sich auf den Spelzenresten keine Pilze oder andere unerwünschte Mikroorganismen ansiedeln. Besonders im Trinkwasser können sich Keime sehr rasch vermehren. Wasserspender sind daher besser geeignet als offene Näpfchen.

Achten Sie schon beim Kauf darauf, daß sich der Trinkspender leicht reinigen läßt.

Jedes Zubehörteil hat irgendwann einmal ausgedient. Sparen Sie hier nicht am falschen Ende. Wechseln Sie nach einigen Monaten die Futter- und Wasserspender sowie das Badehäuschen aus und ersetzen Sie stark zernagtes Spielzeug.

Verminderte Ansteckungsgefahr

Erfreulicherweise gibt es nur wenige Krankheiten, die Mensch und Wellensittich gemeinsam haben. Die klassischen Vogelseuchen (siehe Seite 76) sind in den letzten Jahrzehnten immer mehr in den Hintergrund getreten. Durch eine optimale Versorgung der Vögel und ein gehobenes Maß an Hygiene (siehe S. 55) sollte es gelingen, die wichtigsten Krankheitskeime, die Vogel und Halter gemeinsam belasten können, für immer auszumerzen.

Urlaubszeit

Jedes Jahr zur Urlaubszeit stellt sich für den Vogelhalter dasselbe Problem: Wohin mit den Wellis, solange die Familie ausgedehnten „Freiflug" genießt?

Während ein Hund recht problemlos mit auf Reisen gehen kann, ist dies bei Wellensittichen nicht ratsam. Auch wenn manche Urlauber schon notgedrungen den Vogelkäfig samt Bewohner mit auf die große Fahrt genommen haben: Dies ist sicherlich die schlechteste Lösung. Die Vögel werden während der strapaziösen Ferien(tor)tour unnötig gestreßt, und es ist nicht ausgeschlossen, daß ein Vogel gerade in einem solchen Urlaub stirbt. Zudem folgt der Einfuhr lebender Vögel ins Ausland mitunter eine sechsmonatige Quarantäne!

Schauen Sie sich deshalb frühzeitig nach einem geeigneten Vogelsitter um. Wenn diese Person selbst Vögel hält, ist dies um so besser. Vielleicht ergibt sich so ganz einfach die Möglichkeit des gegenseitigen „Vogelsittens".

Notieren Sie für alle Fälle immer die wichtigsten Daten und Fakten Ihrer gefiederten Hausgenossen. Welches Futter bekommen sie? Wann sind sie es gewohnt, gefüttert zu werden? Wie oft muß der Käfig gereinigt werden? Was ist besonders zu beachten? Wo bin ich im Urlaub zu erreichen?
Wie lautet

Auch in der Urlaubszeit muß Ihr Welli gut versorgt sein.

Ein Vogel gegen den Willen der Eltern?

Darf ein Kind oder ein Jugendlicher einen Wellensittich gegen den Willen seiner Eltern im Zoogeschäft kaufen? Prinzipiell sind derartige Kaufgeschäfte bei Kindern unter 16 Jahren nicht rechtsgültig. Zwischen dem 16. und 18. Lebensjahr darf ein Jugendlicher ein warmblütiges Tier (z.B. einen Vogel) erwerben, sofern dies die Eltern gestatten. Da Wellis nur geringe Kosten (Kauf, Pflege, Futter) verursachen, kann ein 16jähriger jedoch auf den „Taschengeldparagraphen" §110 BGB pochen, der ihm als Minderjährigen den Kauf auch ohne die Einwilligung der Eltern ermöglicht.

Unter 16 Jahren müssen deine Eltern mit dem Kauf der Wellis einverstanden sein.

die Telefonnummer des Tierarztes? Weisen Sie Ihre Vertretung in alle Details ein (siehe auch Pflege-Checkliste S. 55). Bei größeren Wellensittich-Schwärmen oder sehr alten Tieren ist ein Transport zur Urlaubsvertretung meist nicht möglich bzw. nicht empfehlenswert. Wenn die Tiere in ihrer vertrauten Umgebung gut versorgt werden, können Sie mit ruhigerem Gewissen in den Urlaub fahren.

Wer nur drei bis vier Tage abwesend ist, neigt gerne dazu, seine Tiere mit einer üppigen Futter- und Trinkwasserration auszustatten. Die Hoffnung, daß in der kurzen Zeit schon nichts geschehen wird, stellt sich dann oft als trügerisch heraus. Vor allem im Sommer verwandelt sich das Wasser schnell in eine faulige Brühe. Futterspender können verstopfen oder der Wasserspender leckt. Um solche Eventualitäten auszuschließen, ist es nötig, daß sich täglich jemand um die Vögel kümmert, auch wenn Sie nur wenige Tage „ausgeflogen" sind.

Wichtige Rechtsfragen

Wer Wellensittiche kauft, verpflichtet sich, die Tiere artgerecht zu halten. Das Tierschutzgesetz verbietet alles, was den Vögeln körperlichen oder seelischen Schaden zufügen könnte. Der Halter ist für das Wohlergehen seiner Tiere verantwortlich.

Wellensittiche unterliegen zusammen mit dem Nymphensittich *(Nymphicus hollandicus)* und dem Kleinen Alexandersittich *(Psittacula krameri)* keinen besonderen Artenschutzbeschränkungen.

Im privaten Bereich kann es jedoch durchaus Probleme geben. Die Vogelhaltung stößt nicht bei allen Mitmenschen auf Gegenliebe: Im Gegensatz zu größeren Vögeln sind bei Wellensittichen Mietklauseln in jedem Fall unwirksam, in denen die Haltung von Tieren in der Mietwohnung untersagt wird. Alle Kleintiere, und dazu zählen auch die Wellensittiche, müssen dem Vermieter nicht gemeldet werden. Auch unterschriebene Mietverträge binden den Halter nicht an diese Forderung. Die Vögel dürfen jedoch nicht gegen die aktuelle Hausordnung verstoßen. Das kann bedeuten, daß ihnen ein Aufenthalt auf der Terrasse oder auf dem Balkon verwehrt wird, wenn Nachbarn sich vom „Vogellärm" belästigt fühlen. Bedenken Sie jedoch, daß der Vermieter Sie für die Schäden, die Ihre Vögel beim Freiflug in der Wohnung anrichten können, z. B. starke Nagespuren an Fenstern, Türen und Tapeten, sowie Kotflecken auf Teppichen, haftbar machen kann. Dies alles gilt jedoch nur für die Haltung von wenigen Tieren. Eine Wellensittichzucht in der Mietwohnung kann und darf ein Vermieter verbieten.

Beim Kauf eines Wellensittichs wird in der Regel kein schriftlicher Kaufvertrag abgeschlossen. In Zoofachgeschäften erhält man meist einen Besitzernachweis mit der Ringnummer des Wellensittichs. Wird ein Vogel schon kurz nach dem Kauf krank oder stirbt gar, kann der Verkäufer nur dann haftbar gemacht werden, wenn der „Mangel" schon nachweislich beim Kauf bestand. Hierfür muß ein Sachverständiger, dies ist in der Regel der Tierarzt, feststellen, woran das Tier leidet, und kann dann meist auch sagen, ob es bereits beim Verkäufer die Krankheit in sich trug oder erst später krank wurde. Besonders einfach ist dies, wenn ein Wellensittich an der gefährlichen Psittakose erkrankt ist. Hier ist die Inkubationszeit gut bekannt, und man kann genau sagen, ob der Vogel schon beim Verkäufer infiziert war.

Ein gesundes Vogelleben kann über zehn Jahre dauern. Damit Ihre gefiederten Freunde auch bis ins Seniorenalter fit und aktiv bleiben, brauchen sie eine artgerechte Ernährung und viel Bewegung. Besonders wichtig ist die Gesundheitsvorsorge und eine sichere Früherkennung von verdächtigen Symptomen. Eine Krankheit, die rechtzeitig erkannt wird, kann meist auch kuriert werden.

NATÜRLICH GESUND

So bleibt Ihr Wellensittich fit und gesund

Der gesunde Wellensittich

Ein gesunder Wellensittich, der sich wohlfühlt...

- ist früh morgens und am frühen Nachmittag am aktivsten.
- schläft, auf einem Bein sitzend, mit dem Kopf im Gefieder.
- hat grünlich gefärbten, festen Kot mit weißem Exkretanteil.
- zeigt ein ausgeprägtes Spielverhalten.
- genießt die Gesellschaft des Halters oder der Artgenossen.
- achtet und reagiert auf jedes ungewohnte Geräusch.
- putzt ein bis zwei Stunden täglich sein Gefieder.
- hat außerhalb der Mauser ein glänzendes Gefieder.
- liebt es, an Baumrinde oder anderen hölzernen Gegenständen zu nagen.

Der Schulp ist eine wichtige Mineralstoffquelle.

Jeder Wellensittichhalter ist natürlich darauf bedacht, daß es seinen kleinen Krummschnäbeln an nichts mangelt. Er hofft, daß ihm seine Hausgenossen möglichst lange Freude bereiten; und das kann bei einem Wellensittich durchaus ein ganzes Jahrzehnt sein. In dieser Zeit wird auch ein optimal versorgter Vogel einmal krank oder leidet an Befindlichkeitsstörungen. Hinzu können kleinere oder größere Unfälle kommen. Dann ist schnelle Hilfe gefragt.

Die tägliche Kontrolle

Benimmt sich mein Wellensittich anders als sonst? Kann dieses seltsame Verhalten ein Hinweis auf eine Krankheit sein? Wer mehrere Tiere im Schwarm hält, wird einen kranken Wellensittich bald entdecken. Schwieriger ist die Diagnose bei Einzelvögeln, besonders, wenn sie nie den Käfig verlassen dürfen. Achten Sie daher täglich auf die Aktivitäten Ihres Vogels.

- Ein gesunder Vogel wird mit dem ersten Sonnenstrahl wach, im Winter auch schon etwas früher. Wenn Sie morgens aufstehen, begrüßt er Sie bereits mit seinem Gezwitscher und wartet ungeduldig vor seiner Käfigtür.
- Die erste Pause legen Wellensittiche (meist gemeinsam) am späten Vormittag ein. Dann dösen sie, auf einem Bein sitzend, 1 bis 2 Stunden vor sich hin und verdauen die erste Futterration, die sie am frühen Morgen aufgenommen haben.
- Verbrauchte Futtermengen können Sie anhand der Spelzenreste überprüfen, welche die Vögel hinterlassen.
- Die Ausscheidungen werden meist in Ruhe abgesetzt. Sie sind rundlich grün mit einem aufgesetzten weißen Exkretanteil. Dieser ent-

spricht dem Urin, der bei Vögeln nicht flüssig abgesondert wird, sondern als kristalliner Aufsatz dem Kot beigemengt ist. Die Ausscheidungen sollten weich, aber nicht wässrig sein. Ein gesunder Vogel läßt im Mittel alle 20 bis 30 Minuten ein Kotkügelchen fallen. Es hat ca. 3 mm Durchmesser und härtet an der Luft schnell aus. Reste der Mahlzeit (z. B. Körner) sind dann im Idealfall nicht mehr zu erkennen. Lediglich bei eitragenden Weibchen kann sich die Kotmenge bis auf das Dreifache der Normalmenge vergrößern.

■ Der gesunde Vogel hat außerhalb der Mauser ein glänzendes Federkleid.

■ Er ist lebhaft, fliegt und klettert viel und beschäftigt sich ausgiebig mit seinem Menschen oder Artgenossen.

■ Weibchen sind nicht ganz so aktiv wie Männchen und lassen auch wesentlich seltener ihre melodische Stimme vernehmen. Gesunde weibliche Vögel haben jedoch oft einen sehr ausgeprägten

Exotische Zimmerpflanzen können schwere Vergiftungen verursachen.

Nagetrieb, vor dem weder Astrinden noch Zimmertapeten auf Dauer verschont bleiben.

Alt und jung

Wellensittiche zählen zu den Papageienvögeln. Diesen Tieren sieht man im ausgewachsenen Zustand ihr Alter nicht mehr auf den ersten Blick an. So fällt es selbst dem Fachmann schwer, nur anhand des Aussehens einen dreijährigen von einem zehnjährigen Wellensittich zu unterscheiden. Im Laufe der Jahre ändern sich jedoch die Verhaltensweisen und die Bedürfnisse: Ein Wellensittich-Senior hat andere Ansprüche als

Brutpaare sollten nicht älter als 8 Jahre sein.

ein junger Hüpfer. Die kleinen Australier sind nun anfällig gegenüber Krankheiten. Vor allem Tumoren kommen bei älteren Wellensittichen leider häufig vor.

Verschiedene Alterserscheinungen sind bei Wellensittichen bekannt: Die meisten Tiere werden ruhiger und nehmen sich mehr Zeit für den Mittagsschlaf. Vor allem übergewichtige Tiere schlafen nur noch ungern in der typischen einbeinigen Sitzposition, bei der der Kopf in das Gefieder gesteckt wird. Sie legen sich dann flach auf den Sitzast oder auf das Gitterdach des Käfigs. Weibchen nehmen zum Schlafen gerne die Brutstellung ein. Ein flach auf den Boden gepreßt schlafender Wellensittich hat schon so manchen Besitzer zu Tode erschreckt, der dachte, sein gefiederter Hausgenosse sei gestorben. Ein solches Verhalten ist jedoch ab dem 6. bis 7. Lebensjahr nicht ungewöhnlich. Noch ältere Vögel entwickeln Sehschwächen und Gichtknochen. Alternde Männchen verlieren ihre blaue Wachshautfärbung, bei Weibchen wird sie hellgrau. Untrainierte Senioren verlieren oft die Flugfähigkeit und werden zu reinen Kletterkünstlern.

Nun ist der Einsatz und der Erfindungsreichtum des Menschen gefordert. Mit kleinen Leitern und Steighilfen können Sie Ihrem „Klettermax" den Kontakt zu den fliegenden Artgenossen ermöglichen. Blinde Vögel können sich hervor-

Junge Vögel brauchen weniger Pausen.

ragend an der Geräuschkulisse anderer Sittiche orientieren. Ändern Sie auf keinen Fall mehr die gewohnte Anordnung der Äste und Futternäpfe, da diese Tiere sich noch mittels ihres guten Tastsinnes durch den Käfig bewegen können.

Der Umgang mit „jungem Gemüse" hält auch Senioren fit. Stellen Sie jedoch sicher, daß die schwächeren Altvögel nicht unnötig drangsaliert werden. Altersschwache Tiere sollten nur in einer Gruppe mit Vögeln gleichen Alters untergebracht werden.

Paare dürfen selbstverständlich nicht getrennt werden. Sollte einer der Partner sterben, trauert der verbliebene Vogel. Er braucht dann dringend einen Ersatzpartner, ansonsten neigen Wellensittiche dazu, apathisch und lustlos zu werden.

Weibchen, die das 8. Lebensjahr überschritten haben, sollten nicht mehr brüten, denn Lege- und Aufzuchtstreß sind enorm hoch. Viele ältere Vögel sind deshalb bei der Jungenaufzucht schon in der Nisthöhle gestorben.

Krankheiten frühzeitig erkennen

Wellensittiche versuchen ihre Unpäßlichkeit möglichst gut zu verbergen. Dieses Verhalten stammt noch von ihren australischen Ahnen

Häufige Alterserscheinungen

- Das Schlaf- und Ruhebedürfnis nimmt zu.
- Der Vogel frißt weniger als früher.
- Die verbrauchte Trinkwassermenge nimmt stark zu.
- Der Vogel balzt nur noch wenig, läßt sich füttern.
- Er schläft auf zwei Beinen oder liegend.
- Der Vogel fliegt weniger und klettert dafür um so mehr.
- Es entwickeln sich Geschwulste am Unterbauch oder Kopf.
- Bei Männchen verblaßt die blaue Wachshaut.
- Bei Weibchen verfärbt sich die Wachshaut hellgrau.

(S. 103 f.). Die regelmäßige Kontrolle ist deshalb sehr wichtig. Als Faustregel gilt: Krankheiten bei Vögeln erkennt man immer zuerst am Kot und am Gefieder.

Im Gegensatz zu Säugetieren müssen Wellensittiche als Wüstenbewohner sehr sparsam mit ihren Körperflüssigkeiten haushalten. Sie sondern daher im Normalfall keinen flüssigen Urin ab, sondern heften die weißen Harnsäurekristalle an den Kot. Je größer die Flüssigkeitslache, desto kritischer die körperliche Verfassung des Vogels. Flüssige Durchfälle sollten nach maximal 12 Stunden abklingen. Ansonsten droht der kleine Vogel auszutrocknen.

Außerhalb der Mauser kann man beim gesunden Vogel ein glänzendes Gefieder bewundern. Beim kranken Tier sträuben sich die matten Federn. Es wirkt struppig und farblos. Manchen Vögeln juckt das Federkleid so stark, daß sie sich die Federkiele blutig beißen.

Haben Sie den Verdacht, Ihr Wellensittich könne unter einer ernsten Krankheit leiden, sammeln Sie Feder- und vor allem frische Kotproben. Der Tierarzt kann anhand von Labortests die wichtigsten Krankheiten diagnostizieren.

Der kranke Wellensittich

Wellensittiche sind aufgrund ihrer geringen Größe heikle Patienten. Zeigt Ihr Vogel Krankheitssymptome, sollten Sie zunächst Ihren Tierarzt anrufen. Er wird Ihnen sagen, ob eine sofortige Untersuchung des Vogels nötig ist oder ob der stressige Fang und Transport des geschwächten Vogels die Situation nur noch verschlimmern. Viele eher harmlose Befindlichkeitsstörungen können Sie selbst behandeln. Ihr gefiederter Freund kann sich dann in der gewohnten Umgebung erholen. Stellt sich jedoch nach 24 Stunden keine Besserung ein, sollten Sie unbedingt den Tierarzt anrufen. Vor allem Besitzer von großen Käfigen oder Volieren benötigen für diese Fälle einen Transportkäfig.

Wird der Wellensittich im Winter krank, muß der Käfig mit Decken

Checkliste: Ist mein Wellensittich krank?

Bei diesen Symptomen bringen Sie den Vogel sofort zum Tierarzt!

○ Der Vogel sitzt aufgeplustert auf der Stange.
○ Er verschläft den halben Tag.
○ Er hat kein Interesse an seinen Artgenossen, dem Menschen und seiner Umwelt.
○ Er putzt sich nicht oder nur sehr wenig.
○ Der Kot ist flüssig und/oder übelriechend.
○ Er muß regelmäßig niesen und hat wäßrigen Nasenausfluß.

○ Der Wellensittich zeigt Bewegungsstörungen, er fliegt gegen Wände.
○ Er läßt die Flügel hängen und wippt mit dem Schwanz.
○ Die Augen sind glasig und das Gefieder ist matt.
○ Der Vogel hat eine hohe Herzfrequenz, man hört rasselnde Atemgeräusche.
○ Er würgt Körner hervor, ohne zu füttern, erbricht sich.

Wellensittiche hält man mindestens paarweise – eine wichtige Gesundheitsvorsorge.

und einer Wärmequelle (z.B. eine Wärmflasche außen am Käfig angebracht) ausgestattet werden. Haben Sie einen längeren Anfahrtsweg, benötigt der kranke Vogel Futter und Trinkwasser.

Die Notfall-Apotheke

Bedenken Sie: bei Unfällen zählt jede Minute! Stellen Sie Ihren Notfall-Transportkäfig daher nicht in die hinterste Schrankecke. Legen

●● PROFITIP ●●
von Dr. med. vet. Anne Warrlich

Vor dem Tierarztbesuch
Bevor Sie zum Tierarzt fahren, sollten Sie in keinem Fall den Vogelkäfig reinigen. Der Tierarzt kann anhand des Kotes oder anhand der Verschmutzungen im Käfig auf Krankheiten schließen.

Der Tierarzt berät Sie gerne beim Zusammenstellen einer Notfall-Apotheke.

Sie eine Notfall-Apotheke an. Man kann sie leicht und kostengünstig zusammenstellen. Die einzelnen Utensilien (siehe Kasten) erhalten Sie in der Apotheke oder beim Tierarzt. Die Notfall-Apotheke dient den oft lebensrettenden Erste-Hilfe-Maßnahmen. Experimentieren Sie jedoch nicht mit der Gesundheit Ihres Wellensittichs! Gut gerüstet und mit den wichtigsten Informationen über häufige Krankheiten und Notfälle, besteht kein Grund zur Panik, wenn Ihrem Vogel etwas zustößt.

Maßnahmen im Notfall

Was können Sie im Notfall für Ihren Wellensittich tun? Erste-Hilfe-Maßnahmen bei so kleinen Vögeln wie Wellensittichen setzen stets Grundkenntnisse voraus. Lassen Sie sich die wichtigsten Handgriffe deshalb am besten vorab vom Tierarzt oder von einem erfahrenen Halter zeigen. Sie können sie dann an einer Attrappe üben. Bleiben Sie im Notfall stets ruhig und handeln Sie überlegt.

Die häufigsten **Unfälle** ereignen

sich beim Freiflug in der Wohnung. Hier kann es zu Knochenbrüchen und zu Schädelverletzungen (z. B. beim Flug gegen Fensterscheiben) kommen, die zum Teil von klaffenden Wunden begleitet werden. **Blutverluste** können Sie mit Eisenchlorid-Lösung behandeln. Drücken Sie vorsichtig ca. 1 Minute mit einem mit der Lösung getränkten Tuch auf die Wunde. Erfahrene Halter können auch einen Druckverband anlegen. Bei **Bissen** anderer Haustiere muß die offene Wunde desinfiziert werden. Verwenden Sie als Desinfektionsmittel Beta-Isodonna-Lösung (Jod brennt!). In jedem Fall müssen Sie sofort zum Tierarzt!

Da die verunglückten Vögel meist unter **Schock** stehen, trennt man sie von den übrigen Artgenossen und

Checkliste Notfall-Apotheke

○ Infrarot-Wärmestrahler
○ Vitamin- und Kalziumpräparate (im Kühlschrank aufbewahren!)
○ Paraffinöl bei Verstopfungen, Legenot und zur Behandlung der Wachshaut gegen Grabmilben
○ Eisen- (III)- chlorid-Lösung (Eisengehalt 10 %) zur Behandlung blutender Wunden
○ Kochsalz- und Traubenzuckerlösung (bei Durchfallerkrankungen)
○ Heiltees, z. B. Kamillentee, bei Magen-Darm-Störungen
○ Kohlepulver oder Heilerde bei akuten Vergiftungen
○ Desinfektionsmittel (z. B. PVB-Jod) zur Wundreinigung
○ Verbandswatte und elastische Binden
○ Klebeband
○ Wattestäbchen
○ Tupfer
○ Pinzette
○ Krallen- und Schnabelschere

Beobachten Sie Ihre Sittiche täglich!

setzt sie der wärmenden Infrarot-Bestrahlung aus. Doch Vorsicht! Sorgen Sie für eine angenehme Wärme; ein zu dicht am Käfig plazierter Strahler überhitzt den kranken Vogel. Lassen Sie daher eine Hälfte des Käfigs abgedeckt und stellen Sie den Infrarotstrahler in einem Abstand von ca. 50 cm zum Käfig auf.

Viele **Befindlichkeitsstörungen** lassen sich durch Ruhe und eine Rotlichtbehandlung auskurieren. Länger als 12 Stunden darf jedoch kein Vogel die Nahrung völlig verweigern oder stark wässrigen bzw. rötlich bis schwärzlich gefärbten Kot absetzen.

Beugen Sie hohen **Flüssigkeitsverlusten** durch den Einsatz von Kochsalz- und Traubenzuckerlösungen vor. Sollte der Vogel nicht freiwillig trinken, verabreichen Sie ihm etwa 3–4 ml mit einer Einwegspritze (ohne Kanüle). Die genaue Dosierung sollten Sie mit Ihrem Tierarzt abstimmen. Zwangsfütterungen über Nahrungssonden sind ausschließlich Sache des Tierarztes.

Kranke Vögel leiden besonders unter trockener Luft. Hier helfen Luftbefeuchter, die im Zimmer oder an den Heizkörpern installiert werden können.

Die häufigsten Störungen des Magen-Darm-Traktes führen zu **Durchfällen**, die aus einem lebhaften Vogel ein schläfriges und teilnahmsloses Tier machen können. Machen Sie Ihren gefiederten Patienten mit Multivitamin- und Mineralstoffpräparaten wieder fit!

Deformationen der Hornteile

Nicht alle Körperteile des Wellensittichs sind befiedert: Die Beine, die Füße, die Zehen, der Schnabel und die Wachshaut sind von hornigen Schichten umgeben. Das Horn des Schnabels wächst ein ganzes Vogelleben lang nach, dasselbe gilt für die Krallen des Vogelfußes. In der freien Natur nutzen sich die äußersten Schichten durch den ständigen

Gebrauch von alleine ab, bei manchen Stubenvögeln ist dies jedoch nicht der Fall. Bei fehlenden Kletter- und Nagemöglichkeiten wächst vor allem der Oberschnabel mit der Zeit zu einer grotesken Schaufel aus, mit der der Wellensittich kaum noch Nahrung aufnehmen kann.

Bei reinen Käfigvögeln, die auf dünnen Plastikstangen ihr Dasein fristen, umwachsen die Krallen bald die Sitzgelegenheit und behindern das Tier bei der Fortbewegung. Im schlimmsten Fall verletzt sich der Wellensittich an den eigenen Krallen. Diese

Folgen sind jedoch leicht vermeidbar. Frische Äste mit schmackhafter Rinde (z. B. von Weide, Pappel oder Obstbäumen) sorgen für den regelmäßigen Abrieb. Gute Dienste leisten auch Kalk- und Wetzsteine, die im Zoofachhandel erhältlich sind. Wenn die Sitzäste aus Zweigen unterschiedlicher Dicke bestehen, braucht man sich um eine Korrektur der Zehen oder des Schnabels keine Sorgen zu machen.

Ein handzahmer Wellensittich läßt sich im Notfall schnell einfangen.

Gefährliche Infektionskrankheiten sind beim Wellensittich sehr selten.

Schmirgelpapier-Stangenüberzüge sollten Sie nicht verwenden, da diese massive Ballenentzündungen und Schmerzen verursachen.

Nach Unfällen, bei denen die Wachshaut oder der Schnabel verletzt wurde oder bei genetisch bedingtem, übermäßig starkem Hornwachstum müssen diese Körperpartien (meist ein Leben lang) gekürzt werden. Lassen Sie sich das Verfahren von einem Tierarzt zeigen. Am einfachsten und schnellsten gelingt das Unterfangen, wenn man zu zweit arbeitet. Während eine Person den Wellensittich einfängt (notfalls mit einem Kescher aus weichem Gewebe) und in die richtige Position bringt, schneidet die zweite Person die betroffenen Körperteile zurück. Der Vogel wird mit Daumen und Zeigefinger am Kopf fixiert, so daß er nicht zuschnappen kann (S. 77). Die restlichen Finger umgreifen den Vogelkörper, ohne dabei auf das Brustbein zu drücken (Atemnot!). Mit einer speziellen Schere (z.B. Fußnagelschere) schneidet man die Krallen, ohne daß die durchscheinenden Blutgefäße durchtrennt werden. Das Bearbeiten eines zu langen Schnabels ist Übungssache und sollte im Zweifel von einem Tierarzt durchgeführt werden (bei manchen Vögeln alle 6 Wochen). Auch hierbei ist es wichtig, daß die stark durchbluteten Gefäße in der Hornschicht nicht verletzt werden.

Besonders die Halter zahlreicher Vögel sollten die gefährlichsten Krankheiten kennen.

Krankheiten

Auf die gefährlichsten Infektionskrankheiten bei Wellensittichen stößt man heutzutage zum Glück nur noch sehr selten. Die Diagnose ist auch für den Tierarzt nicht ganz einfach und eine Behandlung oft vergeblich. Einige Krankheitserreger können über den Kotstaub auch in den menschlichen Organismus gelangen. Diese Gefahr betrifft vor allem die Halter von zahlreichen Vögeln (z.B. Züchter).

Wer in Zusammenhang mit plötzlichen Todesfällen unter seinen Wellensittichen selbst hohes Fieber bekommt und über Unwohlsein oder Atemnot klagt, sollte seinen Hausarzt über die Möglichkeit einer Infektion durch die Wellensittiche unterrichten. Der Erreger der gefürchteten **Papageienkrankheit** kann bei rechtzeitiger Diagnose problemlos bekämpft werden. Eine Verschleppung der Krankheit führt auch beim infizierten Mensch nicht selten zum Tod. Die Krankheit ist anzeigepflichtig.

Weitere, sehr seltene, aber meist tödlich verlaufende Krankheiten sind die **Vogeltuberkulose** und die **Newcastle-Krankheit**. Beide Erreger können auch auf den Menschen übertragen werden. Sie führen bei den Vögeln zu schweren Krämpfen

75

und Durchfällen. Die Heilungschancen sind sehr gering.

Bei jedem Wellensittichhalter sollte Hygiene an oberster Stelle stehen. Saubere Käfige und frisches Futter vermeiden eine Vielzahl von Krankheitsbildern, z.B. **Pilzerkrankungen** (Mykosen), die schwere Haut- und Luftsackschädigungen auslösen können.

Die häufigsten Wellensitticherkrankungen sind glücklicherweise bei rechtzeitiger Diagnose

Wichtige Krankheiten

Papageienkrankheit (Psittakose): Der hochinfektiöse Erreger (*Chlamydia psittaci*) löst Symptome wie Lähmungen, Krämpfe, Atemnot und schwere Durchfälle aus. Die Vögel sind oft apathisch und fressen kaum noch. Anzeigepflichtig!

Newcastle-Krankheit: Die Erreger (Paramyxoviren) verursachen Krämpfe, Lähmungen, Durchfälle. Die hochinfektiöse Krankheit kann innerhalb weniger Tage ganze Zuchten töten.

Vogeltuberkulose: Der Erreger (*Mycobacterium avium*) kann verschiedene Organe befallen, in denen sich typische Tuberkuloseknoten bilden. Der Befall von Lunge und Luftsäcken sowie des Darms führt zu Atemnot, Flugunfähigkeit, schweren Durchfällen und Lähmungen.

Kropfentzündung: Krankheitsauslöser ist die Aufnahme von verunreinigtem Wasser, Futter oder Trichomonaden. Auch das Füttern des Spiegelbildes kann zu Kropfentzündungen führen. Der Vogel erbricht häufig, sein Kopfgefieder ist verklebt. Die Krankheit ist nur ansteckend, wenn ein Partner den anderen füttert. Stellt der Tierarzt rechtzeitig eine Diagnose, kann die Krankheit gut behandelt werden.

Salmonellose: Die infektiösen *Salmonella*-Bakterien sind bei reinen Heimvögeln kein großes Risiko. Wellensittiche, die in Freivolieren leben, können sich jedoch durch den Kot wildlebender Vögel oder Nager infizieren. Infizierte Tiere sind apathisch und haben starken Durchfall.

Französische Mauser: Zirka 4 bis 6 Wochen alte Vögel verlieren die Flug- und Schwanzfedern. Sie bleiben meist flugunfähig, da ein Virus das Nachwachsen verhindert.

gut vom Tierarzt zu behandeln. Stoffwechselstörungen schlagen sich vor allem in Farbe und Form der Ausscheidungen und im Zustand des Gefieders nieder. Während leichtes Unwohlsein meist nach 12 Stunden Ruhe und einer wärmenden Infrarot-Bestrahlung abgeklungen ist, leiden die Tiere bei **Parasitenbefall** große Qualen. Verwahrloste Wellensittiche sind fast ausnahmslos von der winzigen Räudemilbe (*Cnemidocoptes pilae*) befallen, die sich durch die Hornschichten von Wachshaut, Schnabel, Beinen, Füßen und sogar der Kloake bohren können. Auf gesunde Tiere mit intakter Immunabwehr ist der Parasit in der Regel nicht übertragbar. Betroffene Tiere leiden unter abnormen Schnabelveränderungen, die dringend tierärztlich behandelt werden müssen (z.B. mit Insektiziden oder Paraffinöl).

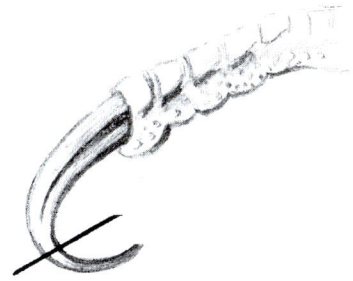

Man kürzt lediglich die Krallenspitze.

Die gefährliche und nur wenig bekannte **Megabakteriose** greift das Verdauungssystem an und führt zu einer starken Abnahme des Körpergewichts. Leider sind sehr viele Wellensittich-Zuchten davon betroffen, so daß die Zahl der infizierten Tiere sehr hoch ist.

Wer seine Wellensittiche in Gemeinschaftsvolieren hält, muß mit einem Befall von **Spul-** und den gefährlichen **Haarwürmern** rechnen. Fragen Sie Ihren Tierarzt, ob eine regelmäßige Wurmkur nötig ist.

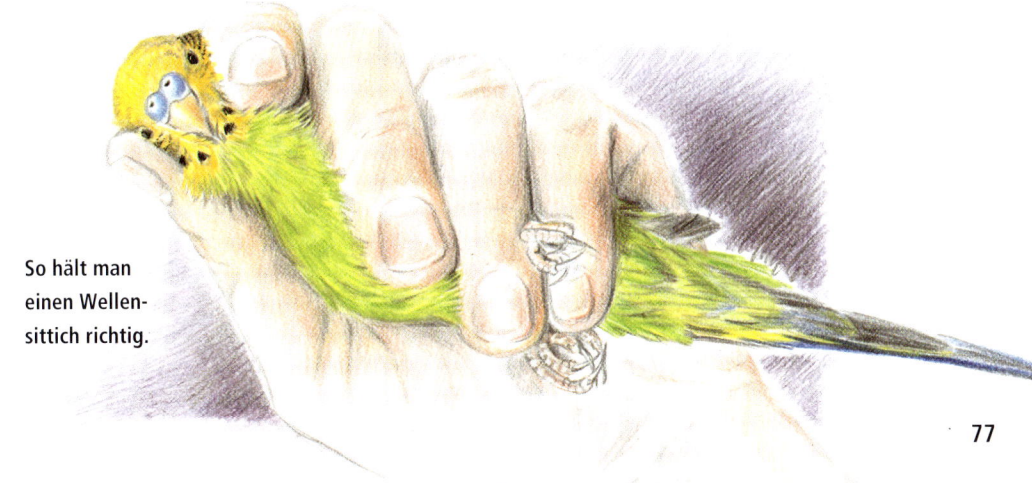

So hält man einen Wellensittich richtig.

Kamillentee hilft bei gelegentlichen Durchfallerkrankungen.

Störungen im **Magen-Darm-Trakt** sind für Wellensittiche sehr bedrohlich, da sie maximal 12 Stunden ohne Nahrungsaufnahme überleben können. Vorbeugend kann man Multivitaminpräparate in der Mauser- und Brutzeit reichen und Obst und Grünfutter täglich füttern. Eine

fettarme Ernährung beugt zudem **Fettleibigkeit** vor.

Wellensittiche sind leider sehr anfällig für Tumoren. Neben dem **Lipom**, einer kugeligen Fettgeschwulst, die sich meist an Brust oder Bauch bildet, kann man nicht selten **Nierentumoren** diagnostizieren, die auf die Beckennerven drücken und so zu einseitigen Lähmungen der Füße führen können. Die meisten Geschwulste können operiert werden oder lassen sich durch Futterumstellungen reduzieren. Dennoch sterben die meisten Heimwellensittiche im Alter von 2 bis 6 Jahren an einem Tumor!

Häufige Probleme bei Züchtern sind die Legenot der Weibchen und die „Französische Mauser" (siehe Kasten).

Weibchen mit **Legenot** können ohne fremde Hilfe ihr Ei nicht ablegen. In den meisten Fällen hilft hier das Massieren der Kloake mit warmem Wasser oder Öl. Hilft das nicht, fahren Sie mit Ihrem Vogel sofort zum Tierarzt. Manchmal muß das Ei operativ entfernt werden, da es für den Legedarm der Henne zu groß ist. Ein Vogel mit Legenot ist in Lebensgefahr.

Die Ursache der **„Französischen Mauser"** ist unklar, eine Heilmethode existiert nicht.

Gesund mit Naturheilverfahren

Neben der klassischen Schulmedizin gibt es eine Vielzahl von Therapieformen, die in den letzten Jahren auch vermehrt in der Tiermedizin zum Einsatz kommen und unter dem Begriff „alternative Behandlungsmethoden" zusammengefaßt werden. Die pharmazeutische Industrie produziert seit einigen Jahren eine breite Palette von Naturheilmitteln, die sowohl beim Menschen als auch bei Ziervögeln und anderen Tieren ihre Anwendung finden. Bei vielen kleinen Vogelarten lassen sich mit Heilkräutern, Homöopathie und Bach-Blüten gute Behandlungserfolge erzielen.

Auf den folgenden Seiten wird eine Auswahl alternativer Behandlungsmethoden vorgestellt. Dieser Kurzüberblick kann entsprechende Fachliteratur (siehe Anhang) bzw. die Beratung eines Tierarztes natürlich nicht ersetzen.

Heilkräuter

Die Heilkräfte der verschiedenen wildwachsenden Pflanzen lassen sich auch für die Vogelgesundheit einsetzen. Tees und Kräutermischungen eignen sich hervorragend zur Krankheitsvorbeugung und zur allgemeinen Stärkung des Immunsystems. Aber auch bei den häufigsten Störungen des Wellensittich-Organismus muß man nicht sofort auf Antibiotika zurückgreifen. Anstelle des Trinkwassers kann man dem Vogel eine Vielzahl von Teemischungen anbieten, die mittlerweile in gut sortierten Zoofachgeschäften erhältlich sind.

Der heilende Einfluß der Wirkstoffe von Laubbaum-Rinde war schon im Mittelalter bekannt. Weidenrindentee anstelle des Trinkwassers hilft bei Kropferkrankungen. Ein Gemisch aus Weiden-, Eichen-, Ulmen- und Birkenrinde wirkt sich positiv auf die Darmtätigkeit der Vögel aus und verhindert das Einnisten gefährlicher Mikroorganismen.

Die meisten klassischen Heilpflanzen finden auch in der Behandlung von Vögeln Anwendung: Ein Tee aus Ringelblumenblüten ist vor allem als Erste-Hilfe-Maßnahme bei Kropferkrankungen zu empfehlen. Geschwächten Tieren flößt man den lauwarmen Tee (2–3 ml) vorsichtig mit einer Spritze (ohne Kanüle) ein.

Vor allem im Winter ist bei Wellensittichen eine starke Immunabwehr wichtig. Viele Züchter setzen daher auf Trinkwasserzusätze in Form von Kräutertees aus Sonnenhut, Johanniskraut, Mistel oder Spitzwegerich, die während der kalten Jahreszeit gereicht werden.

Kleine Kräuterapotheke

Kräutertee	Anwendungsgebiete
Fenchel	Schluckbeschwerden
Kamille	Durchfallerkrankungen
Johanniskraut, Sonnenhut, Spitzwegerich, Mistel	Stärkung des Immunsystems
Ringelblumenblüten	Erste Hilfe bei Kropferkrankungen
Schwarztee	Zur Kreislaufanregung
Weidenrindentee	Kropferkrankungen, Trichomonaden

Hochwertige Teesorten für den menschlichen Gebrauch sollte jeder Vogelhalter stets im Haus haben. Nicht selten kommt es vor, daß ein Wellensittich gegen eine Glasscheibe fliegt und benommen auf dem Boden sitzen bleibt. Manche Tiere sterben dann an einem Schock, obwohl sie nicht verletzt wurden. Schwarzer Tee wirkt kreislaufanregend und vermindert das Risiko eines Schocktodes erheblich. Gegen gelegentlich auftretende Durchfallbeschwerden nutzt man am besten die Heilkräfte von Fenchel und Kamille. Bei Schluckbeschwerden, die durch die Aufnahme von Fremdkörpern oder von Nahrungsresten vom Küchentisch verursacht werden können, hilft Fencheltee.

Die Hersteller von Vogelfutter und Zusatzprodukten bieten inzwischen etliche Mischungen aus Heilpflanzen an, die eine interessante Ergänzung zur Schulmedizin darstellen. Obwohl ihre Wirkmechanismen in vielen Fällen noch nicht geklärt sind, ist ihre Anwendung frei von Nebenwirkungen. Das gilt auch für die Futterzusätze in Granulatform, die (meist in gequollener Form) unter das Körnerfutter gemischt werden. Sie fördern die Verdauung und sind ein wirksames Mittel, um das allgemeine Wohlbefinden zu unterstützen.

Homöopathie

Die Homöopathie ist eine aktive Medizin, die die Heilkräfte des Organismus stärkt. Mit Hilfe von Naturheilstoffen bewirkt sie, daß der Organismus Krankheiten selbst überwinden kann. Dieses Heilverfahren ist jedoch sehr schwer faßbar, da es nicht durch hohe Dosen eines bestimmten Stoffes wirkt, sondern durch ein bestimmtes Verdünnungsverfahren (Potenzierung) den Körper anregt und unterstützt, sich selbst zu heilen.

Begründet wurde die Homöopathie von Samuel Hahnemann im

19. Jahrhundert (1755-1843). Hahnemann stellte den Grundsatz auf, Ähnliches mit Ähnlichem zu behandeln. So ist z. B. bekannt, daß Schwefel zu Hautentzündung führt, in homöopathischen Dosen jedoch Hautausschlag heilen kann. Für jedes homöopathische Mittel gibt es ein bestimmtes Arzneimittelbild, welches der Therapeut mit dem Krankheitsbild des Patienten vergleicht, um das richtige homöopathische Medikament zu finden. Das Arzneimittelbild umfaßt alle Symptome, die auftreten, wenn ein gesundes Tier die Substanz einnimmt.

Wichtige homöopathische Mittel für Wellensittiche

Homöopathika	Anwendung
Aconitum	Bei Unfallschock; C200, ca. 1–2 Globuli auf 20 ml Flüssigkeit
Calendula	Bei vereiterten, entzündeten, schlecht heilenden Wunden; schmerzstillend, entzündungshemmend; als Salbe oder Umschlag mit verdünnter Calendulatinktur (ca. 1–2 Teelöffel auf 1/4 Liter Wasser)
Sulfur	Zur allgemeinen Entgiftung, bei Hauterkrankungen mit starkem Juck- und Brennreiz, verzögerter Mauser, glanzlosem, struppigem Gefieder; C30, 1–2 Globuli täglich ins Trinkwasser geben
Arsenicum album	Bei Durchfallerkrankungen, die durch verdorbene Nahrungsmittel verursacht wurden; Kot meist übelriechend; D4, 1–2 Globuli täglich reichen, bis die Krankheit ausgeheilt ist.
Nux vomica	Zur Entgiftung und bei chronischer Darmreizung durch Fütterungsfehler; D6, 1–2 Globuli täglich mindestens 10 Tage lang
Pulsatilla	Bei Durchfall als Folge von Futterumstellungen; Kot schleimig; D6, 1–2 Globuli täglich reichen, bis die Krankheit ausgeheilt ist.

Die Haltung von mehreren Vögeln beugt Verhaltensstörungen vor.

Homöopathische Arzneimittel werden aus tierischen Bestandteilen, Pflanzen und Mineralien gewonnen. Aus der sogenannten Urtinktur wird dann durch Potenzierung (Verdünnung in bestimmten Schritten) die jeweils passende Potenz gewonnen. In der Tiermedizin werden hauptsächlich folgende Potenzen angewendet: D- (1 : 10), C- (1 : 100), LM-Potenzen (1 : 50.000). Vor allem C- und LM- Potenzen finden bei kleinen Heimtieren Anwendung.

Die Homöopathie ist eine Heilkunst, die viel Erfahrung und fundierte Kenntnisse der Arzneimittelbilder erfordert. Sie bleibt im allgemeinen nur erfahrenen Therapeuten überlassen (siehe Anhang).

Bach-Blüten-Therapie

Die mittlerweile sehr populäre Bach-Blüten-Therapie beruht auf den Erkenntnissen des englischen Arztes und Bakteriologen Dr. Edward Bach (1886-1936). Die wäßrigen Auszüge von 37 Pflanzenarten und reinem Quellwasser (Rock Water) werden in Alkohol konserviert dem Trinkwasser beigemengt. Je nach Zusammenstellung der Bach-Blüten wirken sie vor allem psychischen Störungen entgegen und stärken die allgemeinen Körperfunktionen. Organische Krankheiten oder Mangelerscheinungen können durch eine Bach-Blüten-Behandlung natürlich nicht geheilt werden.

Die Bach-Blüten-Therapie eignet sich jedoch als unterstützende Behandlung bei bestehenden Krankheiten und Verhaltensauffälligkeiten sowie als Vorsorgemaßnahme gegen die wichtigsten Stoffwechselstörungen. Auch als unterstützende Erste-Hilfe-Maßnahme in Notfall- oder vorbeugend in Streßsituationen haben sich Bach-Blüten in Form der sogenannten Rescue- oder Notfall-Tropfen bewährt. Diese Kombination aus 5 verschiedenen Blüten (siehe Abb.) lindert die Folgen akuter Krankheitssymptome (siehe

Kasten). Auch Mauserstörungen oder mangelnder Bruttrieb sollen durch eine vorbeugende Behandlung mit Bach-Blüten vermieden werden können. Psychische Störungen, z. B. Rupfen, lassen sich in vielen Fällen mildern. Krankheitsbilder bei inneren Organen lassen sich abschwächen oder verhindern.

Bach-Blüten sind in vielen Apotheken frei verkäuflich (siehe Anhang). Die Dosierung sollte vorher

Die Notfall-Tropfen enthalten
5 Bach-Blüten: 1. Cherry Plum,
2. Clematis, 3. Impatiens,
4. Rock Rose, 5. Star of Bethlehem

Notfall-Tropfen

Die Ausgangsblüten

Rescue – die Notfall-Tropfen enthalten Cherry Plum (gegen starke innere Spannungen), Clematis (gegen die Tendenz zur Bewußtlosigkeit), Impatiens (gegen Streß), Rock Rose (gegen Panikgefühle) und Star of Bethlehem (gegen den seelischen Schock)

Anwendungsgebiete

Wirkt unterstützend in allen akuten Notfallsituationen, z. B. Unfälle, Verletzungen, Schock, Transport zum Tierarzt, Trennungen, Kreislaufschwäche o. ä.

Art der Anwendung

Die Rescue-Tropfen werden verdünnt, jeweils 1 Tropfen auf 1 ml stilles Wasser. Vorsichtig reibt man 2-3 Tropfen der verdünnten Substanz auf die Haut am Kopf oder im Nacken. Auch die anderen Bach-Blüten können so angewendet werden.

Der TTouch

Die Amerikanerin Linda Tellington-Jones hat einen neuen Weg im Umgang mit Tieren begründet: den Tellington TTouch, ein System aus kreisenden Berührungen auf der Haut, die mit verschiedenen Griffen in unterschiedlicher Intensität ausgeführt werden. Hinzu kommen streichende Berührungen. Die Tiere profitieren davon in vielfältiger Weise: Ängste und Streß werden abgebaut, eingefahrene Verhaltensmuster aufgebrochen, körperliche Beschwerden gelindert, körpereigene Kräfte aktiviert, die Beziehung zwischen Mensch und Tier wird vertieft. Auch bei Vögeln kann die Methode erfolgreich angewendet werden: zur allgemeinen Steigerung der Gesundheit, zur Intensivierung der Beziehung, hilfreich bei Aggressionen oder emotionalen Belastungen, begleitend zu einer medizinischen Therapie.

Mit den Fingerspitzen macht man vorsichtig kleine kreisende Bewegungen überall auf dem Vogelkörper. Wellensittiche genießen das besonders in der Ohrgegend und am Hinterkopf. Bei scheuen, aggressiven oder kranken Wellis oder bei zahmen Vögeln, die sich nach einem Unfall oder Schreck vor der Hand ängstigen, werden die TTouches mit zwei Vogelfedern ausgeführt.

mit dem Tierarzt oder Naturheilpraktiker abgestimmt werden. Man kann die Tropfen direkt ins Trinkwasser geben (siehe auch Kasten S. 83) Die Dosis von einem Tropfen Essenz auf 20 ml Trinkwasser sollte dabei nicht überschritten werden.

Dies ermöglicht eine Behandlung auf „Distanz". Federn sind leicht genug, um den zarten Konturen des Vogelkörpers zu folgen, und haben dabei noch ausreichend Festigkeit, um einen leichten, flexiblen Druck auszuüben. Man schiebt die Federn langsam in das Vogelheim und berührt den Vogel, während man leise beruhigend mit ihm spricht. Zuerst streicht man behutsam an den Körperstellen entlang, die der Vogel mag. Oftmals ist es am einfachsten, mit den Berührungen an der Brust oder an den Krallen zu beginnen. Später kann man dann zu kreisenden Bewegungen übergehen. Allmählich faßt man die Feder kürzer, die Hand nähert sich dem Vogel, bis er sich schließlich berühren und direkt mit den Fingern ttouchen läßt. Die Feder bleibt dabei immer an der anderen Seite des Vogelkörpers, um ihm ein Gefühl der Sicherheit zu vermitteln. Je aufgeregter der Vogel ist, um so kürzer sollten die Behandlungen sein. Man beginnt mit wenigen Minuten.

Auch vor jeglichen Situationen, die für den Wellensittich belastend sind, kann der TTouch helfen, z. B. vor dem Krallenschneiden oder beim Tierarztbesuch. Lebensrettend kann der TTouch sein, wenn der

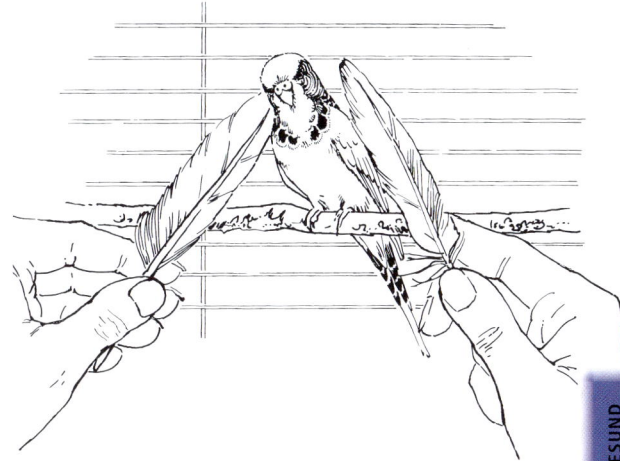

Bei scheuen Vögeln nimmt man zunächst zwei Federn.

Vogel gegen eine Scheibe geprallt ist und wie tot scheint: Man nimmt ihn dann sehr vorsichtig in die Hand und beginnt mit Kreisen so leicht wie möglich überall am Körper.

●● PROFITIP ●●
von TTouch-Expertin Linda Tellington-Jones

Jeder kann es lernen
Ich rede mit den Tieren mit beruhigender Stimme und dehne die Worte wie „guuut". Das verlangsamt automatisch meine Atmung und Bewegung und macht mich sicher. Das Tier spürt das und spiegelt meine Sicherheit wider. Spannungen bauen sich ab.

Wellensittiche sind herrliche Spielkameraden! Die munteren und blitzgescheiten Vögel lassen sich auf vielfältige Art und Weise zu gemeinsamem Spiel und Spaß anhalten. Entdecken Sie die Welt mit den Augen Ihres Sittichs. Seine Welt ist voller wunderbarer Dinge, mit denen man spielen kann. Probieren Sie zusammen verschiedene Spiele aus. Dann wird es mit Ihrem kleinen Australier nie langweilig.

SPIEL
& SPASS

Spielfreuden mit Wellensittichen

Wellensittiche verbreiten eine unnachahmliche Spiel- und Lebensfreude. Viele Vögel begrüßen ihren Halter bereits am frühen Morgen mit einem fröhlichen Geplapper. Anhängliche Tiere zeigen dem Menschen ihre Zuneigung, indem sie zärtlich an seinem Ohrläppchen kauen, an den Haaren zupfen oder

Auch in Australien bleibt Zeit für Spiele.

mit dem Kopf im Gefieder auf seiner Schulter schlafen.

Spielende „Freigeister"

Wellensittiche erscheinen auf den ersten Blick stets gut gelaunt und fröhlich. Das ist natürlich nicht immer der Fall. Eine besonders bemerkenswerte Eigenschaft dieser Vögel ist jedoch, daß sie sehr friedlich und gutmütig sind und Konflikte auch in großen Gruppen meist schnell und ohne Aggressionen beilegen. Der tägliche Spaß gehört auch bei freilebenden Wellensittichen immer dazu. Wenn sich die Schwärme abends in den Schlafbäumen sammeln, wird kurz vor Sonnenuntergang noch ausgiebig geneckt und geschnäbelt. Während der Balz verbringen die Partner viel Zeit mit gemeinsamen Erkundungsausflügen in die Umgebung. Junge Sittiche, die noch nicht in Brutstimmung sind, schließen sich zu kleinen Trupps zusammen, in denen auch das tägliche ausgelassene Spielen nicht fehlen darf. „Ein Wellensittich ist kein Wellensittich!" Dieser Ausspruch sagt viel über das Wesentliche im Leben dieser liebenswerten Schwarmvögel. Sie verkümmern, wenn man sie alleine und ohne Beschäftigung in einem Käfig hält.

Das richtige Spielzeug

Es gibt zwei Möglichkeiten, seine Wellensittiche mit Spielzeug zu beschenken. Entweder man greift selbst zu Säge, Schere, Nadel und Faden, oder man bedient sich im reichlich vorhandenen Sortiment der Zoohandlungen. Für die Wahl ist in erster Linie die Sicherheit der Produkte entscheidend: Scharfe Kanten, Spitzen oder Haken sind tabu. Schlecht verarbeitetes oder billiges Material kann bei der intensiven Beanspruchung durch den Krummschnabel splittern. Öffnungen oder Ösen in Ketten und Sitzringen sollten so verarbeitet sein, daß der Vogel seinen Kopf gut hindurchstecken und auch wieder herausziehen kann. Sind sie kleiner, muß gewährleistet sein, daß Ihr Hausgenosse nicht mit den Zehen oder dem Fuß hängenbleibt. Wählen Sie robustes Spielzeug aus festen Materialien (starkes Holz, Acryl, Leder). Seile sollten naturbelassen sein (z.B. Sisal), da die Vögel gerne an ihnen zerren und nagen. Metallene Ketten (z.B. bei Aufhängungen von Freisitzen) oder metallene Glöckchen

Ohne Spielkameraden verkümmern Wellensittiche schnell.

müssen rostfrei sein (auf keinen Fall aus Blei!) und dürfen nicht mit Zierrat versehen sein. Denn überflüssige Kleinteile werden vom Vogel spielerisch abgebrochen und verschluckt.

Wellensittiche lieben leuchtende Farben. Buntes Spielzeug wird von den meisten Vögeln begeistert aufgenommen.

Die endgültige Tauglichkeitsprüfung jedes Spielzeugs obliegt immer dem gefiederten Tester. Männchen lassen sich häufiger zum Spielen mit Bällchen, Glöckchen, Leitern, Schaukeln oder Ringen animieren als Weibchen. Sie spielen manchmal sogar gar nicht (vor allem die älteren Tiere) und konzentrieren

Wie beschäftigen sich Wellis alleine?

Wellensittiche sind sehr gesellig. Alleingelassen verkümmern sie. Deshalb solltest du einen Welli nicht als Einzelvogel halten. Zwei Sittiche werden genauso zahm und machen auch nicht mehr Arbeit. Und wenn du einmal wenig Zeit hast, sind sie trotzdem nicht unglücklich. Gestalte für deine Wellis eine Abenteuerlandschaft. Spielplätze, Kletterbäume und Freisitze kann man im Zoofachhandel fertig kaufen und durch eigene Ideen noch ergänzen. Auf Schaukeln, Ringen, dicken Seilen, in die ein paar Knoten gemacht werden, und wippenden Stangen können sich die Sittiche richtig austoben. Gesunde Fußgymnastik machen deine Vögel, wenn die Stangen unterschiedlich dick sind. Nimm einfach Äste aus ungiftigem Holz und lass ein Ende frei. Dann wippt der Ast, wenn ein Vogel darauf hüpft. Gib deinen Krummschnäbeln auch regelmäßig etwas zum Nagen, z. B. Zweige von Obstbäumen, Haselnuß, Pappel, Birke. Bürste sie mit Wasser gut ab. Damit können sich deine Vögel auch alleine gut beschäftigen. Glöckchen oder Gitterbällchen sorgen ebenfalls für kurzweilige Vergnügungen. Sorge dafür, daß sich deine Sittiche beim Fressen tüchtig anstrengen (siehe S. 92). Das ist gut für ihre Figur und hält fit und gesund.

sich auf das Wesentliche im Wellensittichleben: Fressen, Balzen und Brüten. Wenn man den Beobachtungen vieler Halter Glauben schenkt, spielen weibliche Vögel jedoch wesentlich phantasievoller und ausdauernder mit ihrem Lieblingsspielzeug als die männlichen Kollegen.

Mit Wellis spielen

Wer Wellensittiche aufmerksam beobachtet, stellt fest, wie grenzenlos ihr Einfallsreichtum ist, wenn sie sich amüsieren wollen. Der Mensch wird dabei nicht selten in das ausgelassene Treiben seiner gefiederten Freunde eingebunden. Vor allem Kinder sind ideale Spielgefährten für die intelligenten Krummschnäbel. Während es vielen Erwachsenen häufig an Zeit mangelt, sich mit ihren Vögeln zu beschäftigen, haben Kinder oft eine ganz besondere Beziehung zu ihrem gefiederten Liebling. Und die kleinen Sittiche mögen die hohen Kinderstimmen.

Wellensittiche lieben Schabernack und geben sich jede „freie" Minute ihrer Spielfreude hin. Wann ein Sittich in Spiellaune ist, erkennt man sofort: Er ist aktiv,

läuft geschäftig umher, zerrt an seinem Spielzeug oder schubst sein Bällchen herum. Er schaut seinen Menschen dabei immer wieder aufmerksam an und „untermalt" seine Handlungen lautstark. Jetzt ist Ihre Reaktion gefragt. Beobachten Sie zunächst, womit sich die Vögel beschäftigen.

Wie es sich für richtige Nomaden gehört, wird alles in der Wohnung fachmännisch untersucht, das heißt: Interessante Gegenstände werden mit dem Schnabel und der Zunge bearbeitet. Ist ein Objekt nicht eßbar, eignet es sich meist zum Zerreißen und Zerfleddern. Dies ist eine Lieblingsbeschäftigung der meisten Wellis. Schonen Sie daher Ihre Tapeten und bieten Sie den

Ein Wellensittich beim Spielen mit einer Glöckchenkette.

11mal Spiel und Spaß mit Wellis

1 Futtergymnastik. Beugt Gewichtsproblemen vor und bietet gleichzeitig jede Menge Spaß. Lassen Sie den Welli für sein Futter „arbeiten", z. B.: etwas Vogelsand unter die Körner im Napf mischen, Obstspießchen (z.B. Karotte, Apfel, Banane) in luftiger Höhe festklemmen, damit sich der Vogel strecken muß. Auch Fußgymnastik und Klettertouren, um ans Futter zu gelangen, machen Spaß und halten fit, z. B. Kräcker, die schaukelnd zwischen ungiftigen Zimmerpflanzen versteckt sind oder kleine Leckerbissen in einem Spielauto.

2 Sparkasse. Besorgen Sie Ihrem Krummschnabel ein buntes Sparschwein und zeigen Sie ihm, wie man kleine, leichte Münzen in den Schlitz wirft.

3 Die Ritter der Kokosnuß. Bohren Sie in eine halbierte Kokosnuß drei Löcher und hängen Sie sie als Schaukel auf. Spielzeug hineinlegen. Variante: eine freischwingende Sprossenleiter aus Sisalseilen oder unterschied-lich dicken Ästen daran befestigen.

4 Kopfdribbler. Rollen Sie ein Bällchen vorsichtig auf Ihren Welli zu. Er wird ihn mit Kopf und Schnabel zurückschubsen.

5 Puzzlespiele. Breiten Sie die Teile auf dem Tisch aus. Ein Welli in Spiellaune wird bald nachsehen, was sein Mensch so tüftelt und ihn tatkräftig unterstützen.

6 Tresorknacker. Verstecken Sie einen Leckerbissen wie Vogelkräcker, Kolbenhirse o. ä. in einer kleinen nicht zu stabilen Schachtel. Ritzen Sie Löcher hinein. Auf geht's zum fröhlichen Zerfetzen.

7 Planschspiele. Füllen Sie eine bunte Plastikwanne so flach mit Wasser, daß der Vogel unbesorgt darin baden kann. Stellen Sie sie unter dem Vogelspielplatz auf. Schubsen Sie ein Spielzeug in die Wanne. Das Geräusch und das spritzende Wasser gefallen dem Vogel und animieren ihn zum Nachmachen. Vielleicht fliegt er sogar hin und badet.

8 Schaukeleien. Befestigen Sie waagrechte und senkrechte Kletterseile an der Decke oder am Vogelbaum. Eingestreute Knoten sorgen für zusätzlichen Kletterspaß. Dazwischen hängen Sie Schaukeln und Ringe auf.

9 Nagen. Reichen Sie öfter frische Zweige, z. B. Weide. Kurz bei großer Hitze in den Backofen, werden Pilze & Co. abgetötet.

10 Flattermänner. Gönnen Sie Ihrem Langstreckenflieger viel Freiflug. Ein Kletterbaum dient als Start- und Anflugbahn und sorgt für „Stubenreinheit", den gekleckst wird meist bei Start und Landung.

11 Plaudertasche. Nehmen Sie den Welli auf den Finger. Pfeifen, sprechen oder tschilpen Sie. Haben Sie etwas Geduld: Bald wird er die Töne nachbrabbeln.

Neben speziellem Spielzeug wie
Gitterbällchen mit Glöckchen...

fen oder zu stoßen. Die
Krummschnäbel genießen es
sichtlich, zu beobachten, wie
ein Glöckchenseil lärmend auf
dem Fußboden aufschlägt. Alle
rollenden Gegenstände wecken
ihre Neugier. Dasselbe gilt für Seile,
Handtücher (unter die man hervorragend kriechen kann) und sich be-
wegende Schreibwerkzeuge. Das
rhythmische Kreisen des Stiftes
während des Schreibens auf einem
Blatt Papier lockt den Wellensittich
an. Er wird versuchen, die Spit-
ze zu packen und wegzuzer-
ren. Bei diesem Spiel ist

„Nagern" passenden Ersatz.
Taschentücher und Papierfetzen
werden gerne kunstvoll in kleine
Fetzen zerlegt. Wird dabei einmal
ein Stückchen gefressen, ist dies
kein Grund zur Panik. Verwenden
Sie aber wegen der Druckerschwär-
ze und den Druckfarben kein Zei-
tungs- oder Illustriertenpapier. Vor
allem Besitzer von Weibchen sollten
ihre Hausgenossen regelmäßig mit
„harten Brocken" zum ausgelassenen Nagespaß einladen. Papp-
kartons oder Toilettenpapierrollen
können die wenigsten Vögel widerstehen. Legen Sie auch kleinere
Gegenstände wie beispielsweise
Korken oder Bällchen auf den
Tisch und warten Sie ab. Es
wird nicht lange dauern,
bis der erste Vogel er-
scheint, um alles über
die Tischkante zu wer-

...lassen sich Wellis auch
für anderes begeistern.

Ein zahmer Wellensittich „hilft"gerne bei den Hausaufgaben.

jedoch Vorsicht geboten, da das Graphit in Bleistiften oder der Farbstoff in Kugelschreiberminen und Filzstiften nicht sonderlich gut für die Verdauung ist.

Der Grundsatz „Spiele nicht mit dem Essen" gilt ausnahmsweise nicht bei Wellensittichen. Um die Intelligenz seiner Vögel zu testen, kann man Leckerbissen an schwer zu erreichende Orte des Kletter-baums plazieren. Die kleinen Flug- und Kletterkünstler werden garantiert einen Weg finden, um an die verlockende Hirse oder an das Apfelstück zu gelangen.

Nach jeder Spielrunde braucht der Vogel seine verdiente Ruhe, die er oft auf der Schulter seines Halters verbringen möchte. Diese Pausen sind sehr wichtig und sollten deshalb unbedingt respektiert werden.

Sprechschule für kleine Brabbler

Das Talent der Wellis, menschliche Laute, Sätze oder ganze Lieder nachzuahmen und zu pfeifen, ist sehr unterschiedlich ausgeprägt, aber nicht geschlechtsgebunden. Es gibt Vögel, die nie auch nur das einfachste Wort benutzen, andere plappern alles, was sie hören, in kurzer Zeit nach.

Wer seinen Wellensittich zum Sprechen bringen möchte, sollte dies spielerisch tun. Mit Zwang erreicht man nur, daß der Vogel ängstlich wird. Ist der Welli in Spiellaune, nimmt man ihn auf den Finger, hält ihn in Augenhöhe und spricht langsam das Wort oder den Satz vor, den die kleine Intelligenzbestie lernen soll. Meist lernt der Sittich als erstes seinen Namen. Vorteilhaft ist es, wenn in diesem A- oder I-Laute vorhanden sind. Diese kann der Vogel besonders leicht erlernen. Man darf sich bei der Lernerei jedoch nicht wundern, wenn der „Schüler" plötzlich ganz andere Worte benutzt, als die, die vom „Lehrer" einstudiert wurden. Wahre Sprechtalente sind nicht nur in der Lage, Laute und Worte zu imitieren, sie lernen sogar, diese sinngemäß zu benutzen. So gibt es Vögel, die energisch fordern: „Karli will spielen!" oder „Karli hat Hunger!". Welcher Wellensittich zu einem solchen Intelligenzwunder heranwachsen wird, weiß man nie vorher. Raffinierte Futterzusätze wie Sprechperlen nutzen in diesem Fall auch wenig. Man sollte jedoch nicht traurig sein, wenn man an einen echten „Sprechmuffel" geraten ist. Wellensittiche haben ihrem Halter wesentlich mehr zu bieten als Wortspiele.

Balanceakt – für einen Wellensittich kein Problem!

SPIEL & SPASS

Die meisten Menschen mögen Wellensittiche: Ihr verspieltes, geselliges Verhalten ähnelt unseren Bedürfnissen. Einige Rituale und Verständigungsmuster der Vögel erscheinen uns jedoch zunächst sehr rätselhaft, so daß sie Gefahr laufen, völlig falsch verstanden zu werden. Es ist daher wichtig, die munteren Gesellen häufig zu beobachten und sich mit ihren Verhaltensweisen zu beschäftigen.

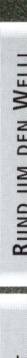

VERHALTEN VERSTEHEN

Wellis sprechen mit dem Körper

Die australischen Schwarmvögel haben ein ausgeprägtes Sozialverhalten und eine auffällige Körpersprache

1 Wellensittiche sind Futterneider. Wer den besten Platz bei der Kolbenhirse ergattern will, droht seinem Nachbarn schon einmal mit geöffnetem Schnabel und abgestelltem Fuß.

2 Eigentlich sind Wellensittiche friedfertige Tiere. Dennoch kommt es gerade unter den Weibchen öfters zu kleinen Reibereien.

Wellensittiche leben in großen sozialen Verbänden, in denen es keine dauerhaften Hierarchien gibt. Eine solche Gemeinschaft kann nur funktionieren, wenn alle Beteiligten eine gemeinsame Sprache beherrschen. Wellis reden mit dem Körper. Diese Körpersprache kann auch der Mensch leicht verstehen.

Die dritte Hand

Wichtigstes Werkzeug und Ausdrucksmittel ist der Schnabel, der auch als die „dritte Hand" des Wellensittichs bezeichnet wird. Er dient nicht nur zur Nahrungsaufnahme. Mit ihm krault der Vogel zärtlich das Kopfgefieder eines Partners, schnäbelt mit Hingabe oder teilt Hiebe aus.

Gefiederkraulen

Der Halter von Wellensittichen kann leicht überprüfen, ob sich seine Hausgenossen wirklich wohl fühlen. Bei optimaler Versorgung und streßfreier Unterbringung pflegen die Vögel ausgiebige soziale

Ernste Bißwunden sind bei Wellensittichen die große Ausnahme. Die Tiere regeln Streitigkeiten durch Rituale und eine auffällige Körpersprache.

Nach kurzer Zeit können Streitereien in Freundschaftsbekundungen umschlagen. Dann hält ein Vogel dem anderen das Wangengefieder zum Kraulen hin.

Das gegenseitige Schnäbeln und Füttern gehört bei Wellensittichen zu den wichtigsten Freundschaftsbeweisen.

Kontakte zu ihren Artgenossen und ihrem menschlichen Partner. Wichtigstes Verhaltensmerkmal ist dabei das gegenseitige Gefiederkraulen. Es demonstriert einen hohen Grad an Zuneigung. Beide Vögel genießen es ganz offensichtlich.

Ist ein Welli in „Massagestimmung", präsentiert er seine Wangen- und Kehlfedern. Diese Partien kann er, wie auch die schwer zugänglichen Stirnfedern, nicht selbst mit dem Schnabel reinigen. Das gegenseitige Kraulen erfüllt also nicht nur eine wichtige soziale Funktion, sondern dient auch der Körperhygiene. Gerade während der Mauser, wenn die neu gebildeten Federkiele jucken, ist ein pflegender Partner besonders begehrt.

Viele Wellensittiche leiden darunter, wenn sie ihren angeborenen Kraultrieb nicht befriedigen können. Vögel in Einzelhaltung widmen sich daher mit Hingabe den Haaren und Augenbrauen ihres Halters. Revanchieren Sie sich, wenn Ihnen Ihr Wellensittich einen solch großen

Warum füttern sich Wellensittiche?

Wellensittiche kennen verschiedene Verhaltensweisen, mit denen sie eine große Zuneigung für einen Artgenossen ausdrücken können. Meist werden die Weibchen von den Männchen gefüttert. Dies kannst du vor allem während der Balz beobachten. Wenn das Weibchen seinem Verehrer das Füttern erlaubt, heißt das, daß es sein Werben ak-

zeptiert hat, und einer Verpaarung steht nichts mehr im Wege. Auch später wird die Beziehung durch regelmäßiges Überreichen von Nahrung aus dem Kropf gefestigt. Das rhythmische Hervorwürgen der Körner darfst du nicht mit Erbrechen verwechseln. Dein Vogel ist völlig gesund. Auf dieselbe Art und Weise füttern die Weibchen im Nest ihre frisch geschlüpften Jungen. Die Nachahmung dieses Verhaltens geht manchmal so weit, daß Weibchen, die von ihrem Männchen gefüttert werden wollen, piepsende Bettellaute ausstoßen.

Gegenseitiges Füttern ist der höchste Liebesbeweis.

Liebesbeweis erbringt: Streicheln und blasen Sie Ihrem gefiederten Freund durch die Wangenfedern, oder massieren Sie ihm vorsichtig die Stirn (sofern er dies gestattet).

Kleiner Streit unter Freunden

Besonders gut können Sie die Körpersprache der kleinen Krummschnäbel bei einer ihrer wichtigsten

Tätigkeiten beobachten: beim Fressen. Auch wenn die Vögel genügend Futter zur Verfügung haben, sind sie ausgesprochene Futterneider. So streiten Wellensittiche nicht selten lautstark um die Kolbenhirse und verteidigen argwöhnisch den Futternapf. Gerade Weibchen gönnen sich gegenseitig nur wenig, während Männchen untereinander gute Freundschaften pflegen.

Manche Weibchen, besonders Mütter mit ihren erwachsenen Töchtern, vertragen sich oft nicht auf Dauer. Bei anhaltenden Beiße-

**Gefiederkraulen festigt die Bindung
zwischen den Vögeln.**

reien müssen Sie die Tiere trennen.
Die Anwesenheit mehrerer Männchen vermindert meist das weibliche Aggressionspotential. Im Gegensatz zu ihren weiblichen Artgenossen pflegen Männchen auch
gleichgeschlechtliche Beziehungen,
die auch bei fest verpaarten Tieren
nicht aufgegeben werden.

Wellensittiche necken sich zwar
gelegentlich durch Zwicken in die
Beine und den Schwanz, bösartige
Attacken sind bei den friedfertigen
Vögeln jedoch die große Ausnahme
und oft Folge einer Verhaltensstörung. Trotz lautstarken Gezeters
und deutlicher Drohgebärden des
Vogels mit geöffnetem Schnabel
und ausgestrecktem Fuß werden
Streitigkeiten friedlich geklärt. Nicht
selten, beispielsweise
bei der Balz, schlagen
scheinbar aggressive
Handlungen urplötzlich
in freundschaftliche Verhaltensweisen um. Vögel, die ihren Artgenossen schwere Bißverletzungen
zufügen, sollte man isolieren und
dem Tierarzt vorstellen, da hier eine
Verhaltensstörung vorliegen kann.

Der Schlaf der Gerechten

Rundum zufriedene und gesunde
Sittiche ziehen sich zum Schlafen
auf ihren Lieblingsast zurück und
beginnen, oft mit geschlossenen
Augen, laut zu knirschen! Ober-
und Unterschnabel werden rhythmisch aneinander gerieben, wobei
ein eigenwilliges Geräusch entsteht.

Kein Grund zur Panik! Ganz im Gegenteil: Dieses Zeichen höchster Zufriedenheit und Entspannung zeigt Ihnen, daß sich der Vogel im Moment vollkommen sicher fühlt. Wenig später wird er mit dem Kopf im Gefieder und auf einem Bein sitzend einschlafen.

Überflieger

Der tägliche ausgiebige Freiflug gibt den Wellensittichen die Möglichkeit, viele ihrer natürlichen Verhaltensweisen auszuleben. Er hält sie gesund und ausgeglichen. Eine Wellensittichschar, ein Zimmer mit Freisitz (siehe S. 36)und mehrere Anflugmöglichkeiten für die Vögel sorgen beim Halter für perfekte Unterhaltung. Es wird auch nach Stunden nicht langweilig, dem Treiben der Sittiche zuzusehen.

Imponieren ist alles

Auch wenn die Männchen keine festen Territorien verteidigen, verbringen sie doch einen Großteil des Tages mit einer Art „Reviergesang". Sie setzen sich auf einen meist hochgelegenen Ast und versuchen, die anderen Mitglieder der Gruppe durch minutenlanges melodisches Geplapper und Gezwitscher zu beeindrucken. Dies regt bei den Weibchen die Paarungsbereitschaft an. Andere Männchen werden durch die Darbietungen der Konkurrenz angespornt, ebenfalls ihr Können unter Beweis zu stellen. Wundern Sie sich nicht, wenn innerhalb kürzester Zeit alle Vögel lautstark um die Wette singen.

Besonders begehrte Sitzäste werden energisch verteidigt. Um anderen Männchen den eigenen Besitz-

Beim Schnäbeln zwischen zwei Männchen übernimmt oft ein Tier die Rolle des „Weibchens".

Verhaltensauffälligkeiten

Viele Krankheiten treten bei Wellensittichen auf, ohne daß man zunächst etwas merkt. Die Tiere versuchen ihre Umwelt zu täuschen. In freier Wildbahn wird ein Vogel, der schon von weitem einen geschwächten Eindruck macht, schnell zur Beute von Greifvögeln. Dieses australische Erbe haben auch unsere Heimvögel noch im Blut. Haben Sie daher den Verdacht, einem Vogel könne etwas fehlen, beobachten Sie ihn heimlich. Wenn der Wellensittich sich ungestört fühlt, sind dies Signale, auf die Sie achten sollten: Verläßt der Vogel spät oder gar nicht seinen Käfig zum gewohnten Freiflug? Ist er sehr schläfrig und teilnahmslos? Sitzt er bei schönstem Wetter aufgeplustert auf

anspruch zu verdeutlichen, scheuern und reiben männliche Wellis ihren Schnabel und die Wachshaut ausgiebig an dem Holz. Dies dient nicht nur der Hygiene, sondern ist als Warnung zu verstehen: „Dieser Ast gehört mir!" Wer sich trotzdem nähert, wird mit geöffnetem Schnabel und ausgestrecktem Fuß auf Distanz gehalten.

Außerhalb der Balz pflegen Männchen gute Freundschaften untereinander.

Wellensittich-Sprache für Einsteiger

Achten Sie auf Gefieder, Beine, Schnabel, Augen und Laute, die der Vogel von sich gibt

Entspanntes Ruhen: Der Sittich sitzt entspannt auf einem Fuß. Die Augen werden geschlossen. Er brabbelt oder zwitschert leise vor sich hin. Oft reiben die Vögel Ober- und Unterschnabel aneinander und „knirschen".

Schlafen: Die Ruhestellung geht voraus. Ein Fuß wird hochgezogen, der Vogel sitzt auf dem anderen Fuß. Das Gefieder ist leicht geplustert. Der Schnabel wird im Rückengefieder verborgen (siehe vordere Umschlagklappe). Schlafen auf zwei Füßen kann auf eine Krankheit hinweisen.

Gymnastik nach dem Aufwachen: Füße und Flügel beider Seiten werden nach dem Ruhen bzw. Schlafen nacheinander ausgiebig gestreckt.

Überhitzung: Wird es dem Wellensittich zu warm, stellt er seine Flügel ab (siehe unten). Damit kann er Körperwärme abgeben.

Angst: Der Vogel legt sein Gefieder eng an und wird ganz „schlank". Auch bei Angst kann der Vogel die Flügel abspreizen.

Zuneigung: Gegenseitiges Füttern deutet auf Zuneigung zwischen den Vögeln hin. Läßt sich ein Weibchen während der Balz füttern, signalisiert es dem Männchen, daß es sein Werben akzeptiert. Krault ein Vogel dem anderen den Kopf, ist dies ebenfalls ein Zeichen von Zuneigung und festigt die Paarbindung.

Aggression: Der Kopf wird mit geöffnetem Schnabel gegen den aggressionsauslösenden Partner gewandt. Der Fuß wird mit gestreckten Zehengelenken angehoben, die Flügel werden abgespreizt. Der Wellensittich stößt Drohlaute aus (siehe Foto S. 98).

Diesem Wellensittich ist es zu heiß.

der Stange? Schläft er auf beiden Beinen, und wird er auch bei plötzlichen Geräuschen nicht wach, auf die er sonst sehr aufmerksam reagiert hätte? Steckt er seinen Kopf nicht mehr wie gewohnt in das Rückengefieder, sondern plustert er sich stark auf und wippt rhythmisch mit dem Schwanz? Vor allem bei geschwätzigen Männchen fällt jetzt

Die Lautsprache

Leidenschaftlich gern schälen die kleinen Krummschnäbel die Rinde von Laubbäumen.

Wellensittiche sind nicht gern allein.

auf, daß sie ungewöhnlich still werden. Anstatt sich auffällig in Szene zu setzen, suchen sie die hinterste und dunkelste Ecke im Käfig oder Zimmer auf.

Kontrollieren Sie bei verhaltensauffälligen Vögeln sofort die Nahrungsaufnahme und die Ausscheidungen (siehe S. 64). Rufen Sie im Zweifel Ihren Tierarzt an. Er wird Ihnen in der Regel bereits am Telefon mitteilen können, ob Grund zur Sorge besteht. Gönnen Sie dem Vogel eine Verschnaufpause. Achten Sie darauf, daß er genügend Futter und ausreichend Wasser aufnimmt.

Die Sprache der Wellensittiche ist nicht mit der menschlichen Sprache vergleichbar. Die Vögel benutzen keine Silben und Sätze. Die Bedeutung ihrer Lautäußerungen ist abhängig von bestimmten Tonfolgen, der Lautstärke, dem Geschlecht oder dem Alter des Vogels sowie von der Kombination mit Körpersignalen.

Das stimmgewaltige Gezeter der Männchen drückt vor allem unbändige Lebensfreude und Energie aus. Dies ist ein sicheres Zeichen dafür, daß es den Vögeln prächtig geht.

Ausgiebige Gefiederpflege

Männchen besetzen oft die höchste Position.

Sitzen zwei befreundete Vögel oder ein Paar beieinander, geht der Gesang in eine angenehme Plauderstimme über, die von den Weibchen oft mit hochfrequenten Bettellauten unterbrochen wird. Sie möchten von ihrem Partner gefüttert werden. Die Männchen kommen dieser Aufforderung bereitwillig nach.

Fehlt den Männchen diese wichtige soziale Nähe, leiden sie sichtlich. Ein Plastikvogel oder ein Spiegel, die einem Einzelvogel als Partnerersatz in den Käfig gehängt werden, verschlimmern die Situation nur noch. Das verzweifelte Männchen balzt vehement diesen „Artgenossen" an, der ihm jedoch nie antworten wird. Dadurch können starke Aggressionen entstehen. Oder das Männchen würgt Futter hervor, um sein eigenes Spiegelbild zu füttern.

● ● ● T I P ● ● ●

Zerstören Sie das Vertrauen Ihrer Wellis nicht durch unüberlegtes Verhalten. Tauschen Sie Sitzstangen oder Spielzeug nur dann aus, wenn Ihre Vögel gerade „Ausgang" haben. Denn in seinem Käfig soll sich ein Vogel absolut sicher und geborgen fühlen. Hantierende Menschenhände in der Privatsphäre Ihrer gefiederten Freunde können manche Sittiche in große Panik versetzen, da sie plötzlich keine Fluchtmöglichkeit mehr sehen.

Mit schiefgelegtem Kopf lauscht das Weibchen der Stimme seines Menschen.

Exotische Sinne

Wellensittiche möchten auch bei uns eine abwechslungsreiche Welt erleben. Lassen Sie die scharfen Sinne Ihrer Krummschnäbel nicht verkümmern. Überraschen Sie Ihre Hausgenossen mit immer neuen Spiel- und Futterideen (siehe S. 92), und fordern Sie dabei auch die beeindruckende Intelligenz der kleinen Australier!

Schnelle Sicht

Rasante Flugkünstler wie Wellensittiche müssen die vorüberjagende Umwelt auch schnell erfassen können. Pro Sekunde kann ein Wellensittich über 150 Bilder verarbeiten,

eine wahre Meisterleistung! Das für uns geschaffene durchgehende Bild am Fernsehgerät erscheint für den Vogel als eine langsame Aneinanderreihung von Einzelbildern. Wellensittiche sehen Farben, und zwar sogar das für das menschliche Auge nicht wahrnehmbare UV-Licht. Ein Harlekin erscheint im Vergleich zu einem Lutino für den Menschen sehr farbenfroh und bunt. Ein Wellensittich sieht dies möglicherweise genau umgekehrt.

Kleinste Vibrationen

Dem feinen Gehör der Vögel entgeht nur sehr wenig. Sie verlassen

Ein perfekter Langstreckenflieger...

...braucht hervorragende Sinnesorgane!

sich jedoch eher auf einen anderen Sinn: den Vibrationssinn.

Feine Sinneskörperchen am Fuß melden dem Vogel jede noch so kleine Erschütterung. In der Natur ist dies die beste Versicherung gegen Schlangen, die an Wasserlöchern nach Beute suchen. Deshalb sollten Sie Wellensittiche auf keinen Fall stark vibrierenden Geräuschen aussetzen. Ein Käfig auf dem

Den aufmerksamen Vögeln entgeht keine Bewegung.

Kühlschrank ist eine wahre Qual! Auch an den vorbeifahrenden Straßenverkehr gewöhnen sich die Tiere nur langsam. Wer sich seinen Vögeln von hinten nähert, während sie am Boden herumspazieren, sollte sie mit seiner Stimme beru-

higen. Ein schweigendes Anschleichen aktiviert den Vibrationssinn der Vögel, ein Schwarm kann urplötzlich in Panik auseinanderfliegen. Manche Freiflieger sind dabei schon gegen Glasscheiben geprallt und gestorben.

Feinschmecker

Ob Wellensittiche gut riechen oder schmecken können, ist nur schwer nachzuweisen. Man geht davon aus, daß sie einen unterentwickelten Geruchssinn (vor allem im Vergleich mit Hunden und Katzen) haben. Feinschmecker gibt es jedoch in jedem Fall. Wer seine Vögel notgedrungen einmal mit einer billigen Körnermischung abspeisen muß, anstatt sie mit den gewohnt hochwertigen Saaten zu verwöhnen, stellt schnell fest, daß sie den Unterschied herausschmecken. Auch was Obst angeht, gibt es durchaus individuelle Vorlieben für bestimmte Apfelsorten. Sauer und süß schmeckt den meisten Vögeln nicht besonders, gesalzene Speisen sind jedoch ein Hochgenuß. Dazu zählen viele menschliche Nahrungsmittel, die von den Vögeln heiß begehrt sind. Doch Vorsicht! Solche „Leckerbissen" können zu Nierenversagen führen.

Und ewig lockt das Weibchen

Der richtige Partner

Balz und Partnerwahl gehören zu den aufregendsten Momenten im Wellensittichleben. Bereits wenige Wochen nach dem Flüggewerden interessieren sich die Männchen lautstark für das andere Geschlecht.

Weibliche Krummschnäbel suchen sich einen Partner jedoch sehr genau aus. Allzu aufdringliche jugendliche Verehrer verweisen sie mit Schnabelhieben in ihre Schranken zurück.

Erfahrene Männchen gehen behutsamer vor. Die Auserwählte wird ausgiebig besungen und beschnäbelt. Typische Balzrituale sind das rhythmische Kopfnicken der Männchen und das Füttern des Partners. Mit steigender Erregung werden die Imponierflüge des Männchens immer rasanter, mit stark verengten Pupillen nähert es sich immer wieder dem Weibchen, das den Vereh-

Nach der erfolgreichen Partnerwahl verbringt das Weibchen viel Zeit im Nistkasten, vor dem das Männchen Wache hält.

Vogelhochzeit

Hat es ein balzendes Männchen schließlich geschafft, die Gunst eines Weibchens zu gewinnen, gestattet sie ihm nicht nur das Füttern, sondern auch die Paarung. Dabei nimmt sie eine eigenwillige Haltung ein: Kopf und Schwanz werden in die Höhe gestreckt, der Rücken wird dem Partner so präsentiert, daß dieser aufsteigen kann. Die Vogelhochzeit wird vollzogen, die „Ehe" hält häufig ein Leben lang.

Ein Pärchen, das sich so gefunden hat, sollte auf keinen Fall wieder getrennt werden, denn Wellensittiche leiden genauso unter Trennungsschmerz wie Menschen.

Die Kinderstube

Nach der festen Bindung suchen die Weibchen emsig nach einer verfügbaren und geeigneten Nisthöhle für die Eiablage. Kein noch so enger Spalt ist nun vor ihnen sicher. Bieten Sie ihnen daher von Anfang an einen hölzernen Nistkasten an.

Wellensittiche bevorzugen meist waagerechte Bruthöhlen mit einem

rer aller Werbungskunst zum Trotz recht lange zappeln läßt.

Besonders lebhaft gestaltet sich die Balz in größeren Gruppen. Nebenbuhler versuchen erfolgreiche Annäherungen ihrer Nachbarn zu stören und hoffen ihrerseits, möglichst viele Weibchen für sich zu gewinnen. Viele Experten vermuten, daß Weibchen eher ältere, zielstrebige Männchen bevorzugen als jüngere, ungestüme Verehrer. Auch die Anzahl und Größe der Kehltupfen im Gefieder der Männchen spielen bei der endgültigen Auswahl des Partners möglicherweise eine wichtige Rolle.

Anflugast vor dem Eingangsloch. Ein Deckel zu Kontrolle der Brut darf nicht fehlen. Die meisten Weibchen nehmen regelmäßige und vorsichtige Kontrollen des Geleges durch den Halter nicht übel. Die nächste Zeit wird das Weibchen viel Zeit im Dunkeln des Kastens verbringen, während das Männchen draußen gespannt Wache hält.

Erst eins, dann zwei...

Hat das Weibchen die Nisthöhle angenommen, verbringt sie viel Zeit in ihr. Dabei sollte man sie so wenig wie möglich stören. Auch das Männchen wird jetzt nicht in der späteren Kinderstube geduldet. Weibchen benötigen für die Eireifung eine längere tägliche Dunkelphase. Daher kommt es ohne Nistmöglichkeit auch bei

Oft vergehen mehrere Tage, bis sich ein Paar für einen Nistkasten entschieden hat.

regelmäßig kopulierenden Paaren nicht zur Fortpflanzung.

In den folgenden Tagen wird man das Weibchen eifrig scharren und nagen hören. Die Vögel bauen in der Nisthöhle kein besonderes Nest. Sie legen die Eier in eine flache Mulde, die nur selten mit etwas Nistmaterial ausgepolstert wird. Es dauert etwa 10 Tage, bis das erste der insgesamt

Nistkästen gibt es in allen Größen und Ausrichtungen. Ein Anflugast vor dem Eingangsloch ist sehr wichtig.

Auch nach der Hochzeit füttert sich das Paar gegenseitig.

Jungvögel im Nest. Nach 2 bis 3 Tagen traut sich auch der Vater das erste Mal in den Kasten. Er muß in den nächsten Tagen ausreichend Futter für sein Weibchen besorgen, das den Kasten in den ersten Wochen nur zum Kotabsetzen verläßt.

Nur 18 Tage benötigt der Wellensittichembryo, bis er im Ei zum schlupffertigen Jungvogel herangewachsen ist. Es ist bei Wellensittichen nicht ungewöhnlich, daß ein oder mehrere (manchmal auch alle) Eier eines Geleges unbefruchtet sind. Man beläßt sie jedoch mindestens eine Woche bei der Mutter, bevor man sie entfernt. Der Fachmann kann mit einer Taschenlampe anhand des Durchscheintests nicht befruchtete Eier, sogenannte Klareier, deutlich erkennen. Bei allen übrigen Eiern zeigen sich bald erste Risse: Der Jungvogel durchstößt mit seinem Eizahn die Schale und beginnt mit dem Schlupf.

Aufzucht

Wellensittiche sind Nesthocker, sie verlassen als hilflose, wenig entwickelte Jungtiere das Ei. Nackt und mit geschlossenen Augen ist das winzige, nur 2 bis 3 g schwere Vögelchen in der ersten Lebenswoche völlig von der Mutter abhängig. Sie wärmt das Kleine, indem sie ihr

4 bis 6 Eier abgelegt wird. In dieser Zeit leistet das Weibchen körperliche Schwerstarbeit. Daher sollte man nur in Abwesenheit des Vogels einen kurzen Blick in den Kasten werfen. Jetzt brauchen die Vögel viel Mineralstoffe und „Kraftfutter" (z. B. Keimfutter). Im Rhythmus von zwei Tagen folgen nun die nächsten Eier.

Bereits nach der Ablage des ersten Eis beginnt das Weibchen mit dem Brüten. Deshalb sitzen später sehr unterschiedlich entwickelte

Bauchgefieder über den Nachwuchs ausbreitet. Man bezeichnet dies auch als „hudern". In dieser Zeit produziert die Mutter einen speziellen dünnflüssigen, eiweißreichen Nahrungsbrei. Er wird im Drüsenmagen gebildet und zum Füttern hervorgewürgt. Das Weibchen legt den Jungvogel zum Füttern auf den Rücken und füllt seinen Kropf. Sitzen bereits ältere Vögel im Nest, wird jedes nach seinen Bedürfnissen gefüttert. Eine Bevorzugung gibt es bei ausreichendem Nahrungsangebot nicht!

Die Kontrolle des Nistkastens

Wenn das Weibchen die Nisthöhle kurz verläßt, sollten Sie den Kasten vorsichtig kontrollieren. Entfernen Sie Eischalen und eventuell vorhandene tote Jungtiere. Berühren Sie in den ersten Tagen auf keinen Fall die Eier!

Die weitere Entwicklung

In der 2. Lebenswoche öffnen sich die Augen, und die Kleinen können feste Nahrung zu sich nehmen. Die weitere Entwicklung verläuft in rasantem Tempo. In der 3. Woche sind die Jungen so schwer wie ihre Eltern, nach 3 bis 4 Wochen ist ihre

Ein prächtiges Männchen

Kleinbefiederung abgeschlossen, und die Vögel werden unruhig und laufen im Kasten hin und her. Nach einem Monat kommt der große Tag: Die Jungvögel werden flügge und verlassen die Nisthöhle.

Außerhalb des Nestes bleiben die Vögel noch einige Zeit bei ihren Eltern, bevor sie, meist vom Männchen, verjagt werden. Es will mit der nächsten Brut beginnen und sieht in den hungrigen Mäulern seines Nachwuchses nun lästige Rivalen. Nicht minder rüde gehen die Weibchen mit ihren flüggen Töchtern um. Man ist als Halter schlecht beraten, wenn man Elternvögel und Jungtiere gemein-

VERHALTEN VERSTEHEN

Männliche Wellensittiche beteiligen sich in der Regel nicht am Brutgeschäft.

sam in einem Schwarm halten möchte. Kümmern Sie sich bereits während der Aufzuchtphase um einen Käufer für die Jungvögel. Diese wechseln dann im Alter von 8 bis 10 Wochen ins neue Heim.

Verantwortungsvoll züchten

Wenn die eigenen Wellensittiche Eltern werden, ist dies ein einzigartiges Erlebnis. Man sollte in der Euphorie jedoch nicht vergessen, daß die Vögel keinen festgelegten Brutzeitraum haben und selbst während der Mauser fortpflanzungsfähig sind: Gönnen Sie Ihrem

Der große Moment: Der Jungvogel öffnet von innen die Eischale.

Weibchen eine längere Ruhepause. Stellen Sie sicher, daß Ihr Paar maximal zwei Jahresbruten aufzieht. Entfernen Sie in der Zwischenzeit den Nistkasten, damit die Tiere sich erholen können. Viele Züchter gestatten ihren Zuchtpaaren nur in den warmen Monaten die Aufzucht von Jungtieren, da in der naßkalten Jahreszeit Probleme wie Legenot wesentlich häufiger auftreten als im Sommer.

Schwierigkeiten bei der Brut und Jungenaufzucht gibt es selten. Bei unerfahrenen Eltern kommt es jedoch schon einmal vor, daß manche Jungvögel nicht ausreichend oder gar nicht gefüttert werden. Damit die Kleinen nicht verhungern, sollten Sie selbst zufüttern. Im Fachhandel gibt es spezielle Aufzuchtfuttermischungen, die als wäßriger Brei über eine Spritze in den Schnabel gegeben werden. Achten Sie darauf, daß der Kropf bei den Kleinen stets gut gefüllt ist. Lassen Sie sich die Fütterung mit der Spritze von einem Fachmann zeigen, bevor Sie selbst zur Tat schreiten. Das Füttern per Spritze wird vor allem dann wichtig, wenn das Weibchen während der Aufzucht an Erschöp-

Wellensittiche züchten – ein aufregendes Erlebnis

fung sterben sollte. Dies kommt glücklicherweise selten vor. Älteren Vögeln (über 10 Jahre) sollte man jedoch die Brutstrapazen ersparen.

Die Beringung

Bereits nach einer Woche ist es Zeit, den kleinen Wellensittichen den geschlossenen Ring anzulegen. Man

Die Entwicklung der Jungvögel – ein faszinierendes Erlebnis

1 Wellensittiche kommen nackt und mit geschlossenen Augen zur Welt. Außer einer Mulde für die Eier trägt das Weibchen in der Regel kein Nistmaterial ein.

2 Deutliche Altersunterschiede: Während der jüngste Vogel noch unbefiedert ist, trägt der älteste schon die Schwungfedern.

3 Nach 20 Tagen sind die jungen Wellensittiche bereits körperdeckend befiedert. Die langen Schwanzfedern fehlen noch.

nimmt den Vogel behutsam aus dem Nest und streift den Ring über die drei längeren Zehen, die nach vorne ausgerichtet werden. Danach läßt man den Ring über die nach hinten zeigende vierte Zehe gleiten. Der Ring bleibt zeitlebens am Fuß. Er kann im Fall einer akuten Gefährdung oder Krankheit des Vogels jedoch entfernt werden.

Gesetzliche Bestimmungen

Spätestens wenn Ihre Vögel den Nistkasten annehmen, müssen Sie eine behördliche Zuchtgenehmigung beantragen. Diese Vorschriften gelten für jeden Wellensittichbesitzer, dessen Vögel Junge aufziehen, unabhängig davon, ob es sich um einen professionellen Züchter oder um einen Hobbyhalter handelt, der

Im Kasten wird es langsam eng. Nach vier Wochen werden die Jungvögel das erste Mal ihre Nisthöhle verlassen.

Flügge Jungvögel im Gras. Sie werden später einmal sehr zahm und anhänglich werden.

VERHALTEN VERSTEHEN

seinen Lieblingen lediglich einmal Nachwuchs gönnen möchte.

Die gesetzliche Grundlage ist das **Tierseuchengesetz § 17 g**, das eine behördliche Genehmigung der Zucht von Papageien und Sittichen vorschreibt.

Einen Antrag stellen Sie beim zuständigen Ordnungsamt. Daraufhin erhalten Sie in der Regel Besuch vom Amtstierarzt. Er ist gemäß der „Verordnung zum Schutz gegen die Psittakose und Ornithose" verpflichtet, die Räumlichkeiten des Züchters in Augenschein zu nehmen. Diese Verordnung fordert die zuständigen Tierärzte dazu auf, zu überprüfen, ob eine ausreichende Hygiene gewährleistet ist und die Vögel artgerecht gehalten werden.

117

Ein prächtiges Wellensittich-Zuchtmännchen

Die Zuchterlaubnis wird meist nur dann erteilt, wenn der Antragsteller über einen Zusatzraum verfügt, in dem im Krankheitsfall betroffene Tiere isoliert werden können. Der Tierarzt prüft auch, ob der Antragsteller umfassende Kenntnisse über die richtige Haltung, Ernährung und Pflege der Vögel besitzt.

Nach einer erfolgreichen Begutachtung erstellt die Ordnungsbehörde die (gebührenpflichtige) Zuchtgenehmigung. Diese erlaubt es dem Halter, zu züchten und den Nachwuchs zu verkaufen, sofern die Jungvögel ordnungsgemäß beringt werden.

Wer nicht in Zuchtvereinen oder Züchtergemeinschaften organisiert ist, kann die (offenen) Ringe für seine Jungvögel bei der Ringstelle des Zentralverbandes für Zoologische Fachbetriebe in Langen (siehe Anhang) bestellen. Der Bestellung muß eine beglaubigte Kopie der Zuchtgenehmigung beigefügt werden.

Die Züchterorganisationen DSV (Deutsche Standard-Wellensittich-züchter-Vereinigung e.V.) und die AZ (Vereinigung für Artenschutz, Vogelhaltung und Vogelzucht AZ e.V.) geben geschlossene Ringe aus, die den Jungvögeln bereits im Nest angelegt werden müssen. Privatpersonen oder Händler sind nicht berechtigt, amtlich zugelassene Ringe zu vertreiben.

Was macht ein Hobbyhalter jedoch, wenn seine Vögel „aus Versehen" erfolgreich gebrütet haben oder sich Nachwuchs eingestellt hat, ohne daß der Halter von den strengen gesetzlichen Auflagen wußte? In diesem Fall sollte der Amtstierarzt unterrichtet werden, der eine Sondergenehmigung für den Antrag auf Fußringe ausstellt. Die Psittakose-Verordnung dient in erster Linie dem Schutz der Gesundheit aller, man muß deshalb nicht mit einer Strafe rechnen, wenn von dem unerwarteten Nachwuchs nie eine gesundheitliche Gefahr ausging.

Der **Fußring** darf nicht entfernt werden, außer, die Gesundheit des Vogels wird dadurch beeinträchtigt. Dann muß er separat aufbewahrt werden, damit sein Besitzer jederzeit identifiziert werden kann.

Mit drei Wochen stehen die kleinen Jungvögel noch recht wackelig auf den Beinen.

Großes Poster

1993.
Bielfeld, Horst: Vogelfutter aus der Natur. Ulmer 1993.

Gesundheit

Dorenkamp, Bernard: Naturheilpraxis Vögel. Ulmer 1997.
Hawcraft, Tim: Erste Hilfe für Vögel. Kynos 1995.
Hensel, Wolfgang: Das Kosmos-Kräuterbuch, Kosmos 1994.

bau. Rasch und Röhring 1989.

Zum Schmökern

Fitzpatrick, Sonya & Burkhard Smith, Patricia: Was mir die Tiere erzählen. Kosmos 1998.
Solisti, Kathryn & Tobias, Michael: Ich spürte die Seele der Tiere. Kosmos 1997.
Voßköhler, Erdmuthe: Die unendliche Wellensittich-Geschichte. Soldi 1997.

97332 Volkach
Deutsche Wellensittich-Vereinigung (DWV) in der AZ e.V.
Postfach 11 68
71501 Backnang
(Mitglieder erhalten die AZ-Nachrichten)

Tierschutzvereine

Deutscher Tierschutzbund e.V.
Baumschulallee 15
53115 Bochum

Gesundheit

Register

Hallo Kids!

Diese Kästen sind für Euch! Hier findet Ihr interessante Informationen rund um Eure gefiederten Freunde. Warum es keine roten Wellensittiche gibt, steht auf S. 17. Damit es Euren Wellis nie langweilig wird, findet Ihr Beschäftigungs-Tips auf S. 90. Für den richtig großen Spaß zusammen mit Euren Vögeln gibt es dann 11 tolle Spielideen auf S. 92. Die „Sprechschule für kleine Brabbler" findet Ihr auf S. 95, und auf den Seiten 98, 99 und 104 könnt Ihr selbst lernen, die Sprache der Krummschnäbel zu verstehen. Und warum füttern sich Wellensittiche gegenseitig? Die Antwort findet Ihr auf S. 100. Viel Spaß!

Danksagung

Autor und Verlag danken
Herrn Reinhard Hahn für die
juristische Beratung.
Herzlichen Dank an unsere
Kosmos-Experten Frau Dr.
med. vet. Anne Warrlich, auch
für die Fachberatung für das
Kapitel „Natürlich gesund",
und Frau Linda Tellington-
Jones.

Bildnachweis

Mit 165 Farbfotos von:

Angermayer (1 Foto: S. 33); Binder
(1 Foto: S. 24); Geduldig Bildagen-
tur (3 Fotos: S. 104; 105); Hof-
mann (7 Fotos: S. 6; 7; 8; 9; 10;
11); Juniors Bildarchiv (34 Fotos:
U4; hintere innere Umschlagklappe: Mitte oben; vordere innere
Umschlagklappe: Mitte; vordere
äußere Umschlagklappe: 2. Foto
von unten; S. 1; 12; 16; 17; 22; 23;
Pfeffer (23: vordere äußere Umschlagklappe: ganz unten; 3. Foto
von oben; S. 18; 19; 47; 62; 67;
93; 110; 111; 112; 114; 115; 116;
117; 121; 127); Pott (2 Fotos:
S. 10; 11); Reinhard (26 Fotos:
Rücken; hintere innere Umschlagklappe: links oben; Mitte unten;
vordere innere Umschlagklappe:
ganz oben; vordere äußere Umschlagklappe: ganz oben; S. 3; 5;
10; 19; 22; 23; 25; 38; 39; 49; 61;
65; 74; 75; 88; 108; 109; 113; 114;
118); Roppelt (6 Fotos: S. 79; 80;
81; 46o; 47o; 48); Salata (12 Fotos: S. 13; 29; 44; 57; 82; 89; 98;
99; 103); Schanz (1 Foto: S. 23);
Schatter (33 Fotos: hintere innere
Umschlagklappe: rechts unten;
vordere äußere Umschlagklappe:
2. Foto von oben; S. 4; 20; 29; 30;
34; 35; 37; 41; 42; 43; 44; 45; 53;
56; 64; 66; 72; 73; 91; 93; 106;
107; 108; 122); Skogstad (17 Fotos: S. 31; 42; 54; 55; 59; 81; 90;
91; 100; 101; 102; 103; 117; 119)

Mit 1 SW-Zeichnung von Milada
Krautmann (S. 85) und 5 Farbillu-
strationen und 2 SW-Zeichnungen
von Marianne Golte-Bechtle
(S. 14, S. 15, 36, 48, 77o, u, 83)

Tierpass für meine Wellis

Namen   Günni & Rudi , Johnny (männlich)

Geb-Dat.   Geschlecht   w & m

gekauft am / bei

Farbe   Blau & Gelb , Blau + Weiß

bes. Merkmale   "Günni lässt Rudi nie fressen,
               jagt ihn überall weg

Erkrankungen

Wichtige Adressen

Züchter / Zoofachhändler

_____

_____

_____

Tierarzt _____

_____

Verein _____

_____

Notdienst _____

_____

_____

Extra

Das Wellensittich-Wohlfühl-Programm

Unterbringung

- ○ nie alleine, mindestens zu zweit
- ○ in einem geräumigen Vogelheim, mindestens 100 cm lang, 50 cm breit und 80 cm hoch
- ○ in einem Wohnraum, in dem sich auch die Familie häufig aufhält
- ○ unerreichbar für „Raubtiere" wie Hund oder Katze

Zubehör

- ○ Futter- und Wasserspender
- ○ Extranapf für Grünfutter und Obst
- ○ Halterung für Wetzstein oder Schulp
- ○ Badehäuschen
- ○ Spielzeug wie Leitern, Schaukeln, Seile, Bällchen, Glöckchen
- ○ niemals Spiegel oder „Kunststoffkameraden"

Futter

- ○ immer frisches Wasser
- ○ Körnerfuttermischung (Spitzsamen, Silberhirse, andere Hirsearten, Haferkerne)
- ○ Obst, z.B. Äpfel, Birnen, Trauben, Pfirsiche
- ○ Vitamin-C-Bomben: Aprikosen
- ○ Gemüse, beliebt sind v.a. Gurken und Möhren
- ○ Wildpflanzen, z.B. Vogelmiere, Löwenzahn, Früchte der Eberesche
- ○ Fitneß-Food: frisch gekeimtes Saatgut
- ○ Leckereien: Kolbenhirse, Hanf, Kardisaat und Vogelkräcker

Pflege

- ○ täglich Futter- und Wasserspender reinigen; Körnerhülsen und Frischfutterreste aus dem Käfig entfernen; Badehäuschen anbringen
- ○ 2–3mal wöchentlich Sand und Bodenunterlage wechseln; Schuber, Badehäuschen, Sitzstangen und Spielzeug reinigen
- ○ regelmäßig abgenutztes Käfigzubehör durch neues ersetzen

Beschäftigung

- ○ täglicher Freiflug in einem sicheren Zimmer
- ○ Taubad im Salatblatt
- ○ Vergnügen auf einem Freisitz
- ○ Turnübungen an einem Kletterbaum
- ○ Spiel und Spaß mit Kopfdribbler, Tresorknacker, Sparkasse usw. (siehe S. 92)
- ○ traute Zweisamkeit und „Zwiesprache" mit dem Menschen